新しい働き方の教科書

2

法律のプロが教える

脱ハンコの進め方

弁護士法人
戸田総合法律事務所 ［著］

Jam House

1章

ハンコって何のため？

1 ┃ 脱ハンコの動き

　コロナ禍以降、テレワークを実施・推進する企業が増えてきました。
テレワークの推進において、押印をどうするのかは一つの問題です。ハンコを押すためだけに出社しなければならないなどの話も聞くようになりました（ハンコは会社においてありますからね）。

　テレワークの観点のみならず押印に関連する事務作業の観点も含め、業務効率化のため押印を廃止したい、脱ハンコにしたいと考える会社も増えてきているのではないでしょうか。国も河野太郎行政改革担当大臣が行政文書の脱ハンコを要請し、行政手続の認印全廃を発表するなど、脱ハンコを推進し始めました。

　しかし、これまで当たり前に押してきたハンコを廃止しても大丈夫なのでしょうか？　押印は確かに面倒だが押印を廃止するのも不安という方も多いと思います。また、脱ハンコを進めようにも「ハンコを押すのは絶対に必要な作業だ」と考えている人が会社の中にいたりすると、その人たちにも分かるように説明をしないといけません。

　そこで、まずはこれまでなぜハンコが必要と考えられてきたかというハンコの意味と、本当にハンコは必要なのか？　について見ていきましょう。

2 なぜハンコを押すの？

① 理由1 ハンコが必要と法律で決まっているから

　まず意外かもしれませんが、そもそも何かの書類を作るときにハンコを押さなければならないという義務は原則としてありません。ビジネスにおける押印の作業がテレワーク推進の障害と言われたこともあって、令和2年6月19日内閣府・法務省・経済産業省が「押印に関するQ&A」（https://www.meti.go.jp/covid-19/ouin_qa.html）という文書を公表しました。ここでも「特段の定めがある場合を除き、契約に当たり、押印をしなくても、契約の効力に影響は生じない。」と明記されています。

　しかし、この特段の定めがある、ごく一部の書類に関しては"例外的に"押印が義務付けられていますのでハンコを押さなければなりません。

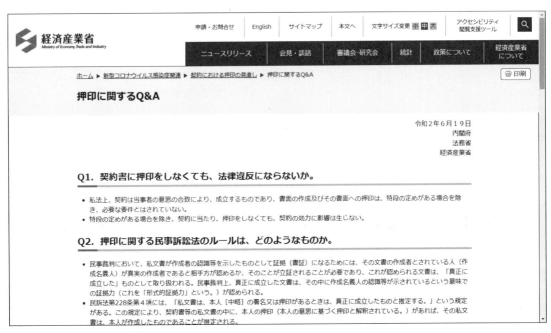

「押印に関するQ&A」経済産業省

② 理由2　証拠としての価値を高めるため

　　トラブルや裁判になったときに書類を証拠として活用することがあります。この時、ハンコがなくても証拠として使うことはできますが、一般にハンコが押されている書類のほうが証拠としては価値が高い、証拠として使いやすいということがいえます。

　特に契約書の場合、この理由が一番重要といってもいいでしょう。契約書を取り交わしてのちにトラブルとなった場合、相手が「こちらはそのような合意はしていない。書類も取り交わしていない」と言い出すこともあります。
　そのようなときに、ハンコが押してあると、「そちらはこの内容で合意しているでしょう」ということを言いやすくなります。

　また、不動産取引や銀行融資等の契約では、契約書に実印を捺印し、印鑑証明書を添えますが、これは、実印がハンコの中でも最も偽造や他人の使用が難しいために行われています。実印を押印して印鑑証明書を添付すれば、この人がこの取引に合意したという非常に強い根拠となるため、重要な取引では実印と印鑑証明書が求められることが多いのです。

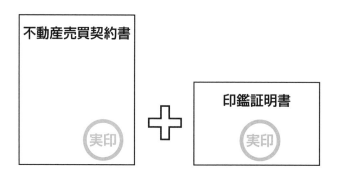

③ 理由3　権限ある人が作成したかどうかが分かりやすい

　　証拠としての価値と似た話ではありますが、ハンコが押してあることで、そのハンコの名義人もしくは名義人から許可を受けた人がこの書類を作成したことが分かりやすいという効果もあります。

例えば、取引先に見積書を出す場合など、社印が押されていないと、本当に会社が作成したのか、担当者が個人的に作成した書類なのか分かりにくいこともあります。けれども、社印が押してあれば、会社として作成したものだと認識することができますし、担当者の印が押してあれば、その担当者が押したものだと認識することができます。

④ 理由4　ドラフト案と正式版を区別するため

実際のビジネスの場においては、正式な契約書を出す前にドラフト（草案）を作成して相手に見せることがあります。このとき、ドラフトとして提示する書類には押印をせず、最後の段階で押印し、正式なものであることを示すこともあります。

相手にとってハンコが押してあれば、この書類はドラフトではなく、正式に出されたものだと分かりやすいでしょう。

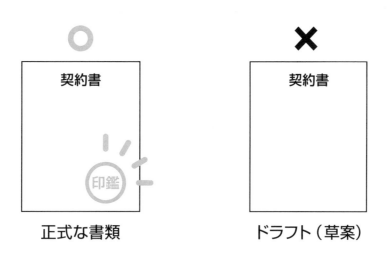

正式な書類　　　　　　　　　　ドラフト（草案）

⑤ 理由5　なんとなく慣習で押すことになっている

ここまで見てきたような具体的な理由はないけれど、なんとなく押印している、押印することが社内のルールになっているというケースも案外多いのではないでしょうか。

このような書類は脱ハンコが実現しやすい部分ですね。

3 | 法律で押印が 必要とされている書類

　押印する理由1で挙げたように、法律で押印することが義務になっている書類があります。そこで、どのようなものがそれにあたるのかを確認しておかなければいけません。法律で押印が義務になっている書類をうっかり脱ハンコにしてしまったら、書類が無効になったり、場合よっては違法になりますので注意が必要です。

　法律で押印が必要とされている代表的な書類としては次のようなものがあります。

❶ 事業資金のための借金の保証契約書

　事業資金を借りるときは保証人が必要になることが多いですが、 事業に関与していない人を保証人にするには、保証契約書に保証人が押印することが法律上必要です。

　また、単に当事者間で書類を作成し、「ハンコ」 を押すことで足りるというわけではなく、公証役場という公証人がいる場所まで出向き、公正証書を作成し、その公正証書に 「ハンコ」 を押すことまでが必要です （民法465条の6）。

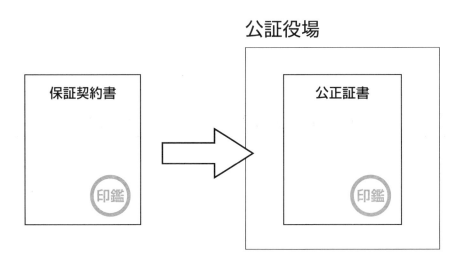

　押印や厳格な手続きが法律上必要になっているのは、事業には何の関係もない親戚や友人

等の第三者が、容易に保証人となり、多額の借金を負ってしまう事が多く、慎重に判断するべき契約類型であることが理由です。

② 建物を売買する際の仲介契約や賃貸などの際の重要事項説明書など

　不動産取引の場面において、宅地建物取引業者に法律上作成・交付が義務付けられている書面には宅地建物取引士や宅地建物取引業者による記名押印が義務付けられているものがあります。

　取引主任者の職責を明確化し、また、適切に重要事項説明が行われたことを担保し、消費者利益の一層の保護を図るためという理由です。

③ 遺言書

　自分が亡くなったあとの財産をどうするかなど、死後の法律的な事項に関する自分の意思を残すために作成する遺言書も、法律上押印が義務づけられている書類の代表例[※1]です。

　遺言書は遺言者が死亡した後に使う書類ですから、いざ使う段になって死後遺言の内容に疑問が生じたり本当に真意から作成されたものか争いになったりしても、遺言者本人に確認することができません。そこで、遺言者の真意を確保するに足りる厳格な方式として押印を義務づけておき、その方式に従わない遺言は、遺言者の真意に依ることの保証がないものとして、これを無効としています。

※1：緊急事態で作成する特別な遺言の中には押印が義務になっていないものもありますが、押印に代わる厳格な作業が
　　要求されています。

④ 会社関係の書類や登記の申請等

　会社の設立や運営関係で必要となる書類のなかにも法律上押印が義務付けられているものがあります。

　例えば、会社設立の際の定款や、登記手続きを行う際に必要となる登記申請書・取締役や代表取締役等の就任承諾書などです。重要な法的効果を発生させるものとして、効果が帰属する者の意思をしっかり確認するために押印が必要とされています。

⑤ 税務申告関係の書類

　税務署類は原則として、押印が必要とされてきました。令和3年度の税制改正によりかなり緩和されましたが、まだ実印の押印や印鑑証明書の添付を求める書類、相続税等の添付書類のうち財産の分割の協議に関する書類など一部押印が必要が必要とされている書類が残っています。

⑥ 不動産登記関係の書類

　土地や建物の売買など不動産登記の申請をする場合、　実印の押印と印鑑証明書の添付が法律上義務とされていることが多くあります。

　重要な財産移転行為ですので、慎重に本人確認をする必要があるためです。

2章

ハンコを
使用する？
使用しない？

1 | 見積書・請求書には ハンコが必要か

① 結論としては不要

　見積書・請求書や発注書、あるいは領収書や注文請書などは、ビジネスにおいて日常的に取り交わされる書類だと思います。

　ここまで押印をする理由や法律上押印が義務とされている書類を見てきましたが、この観点で検討するとこれらの書類にはハンコは不要ということになります。

　まず、見積書・請求書などについて押印を義務付ける法律上の定めはありません。よって、ハンコを押さなかったとしてもその書類が無効であるとか、違法であるとかの心配はありません。

　正式版かどうかというのも文書管理の問題にすぎませんので押印以外の方法で区別することは容易です。

　実際に、これらの書類には押印がないものをよくみかけないでしょうか？　また押印をするとしても正式な印鑑ではない、いわゆる角印が押されている場合も多いと思います。

コラム　「丸印」や「角印」は、実印や認印、銀行印とは違うもの？

　会社で必要となるハンコですが、よく言われる「丸印」や「角印」とはどのようなハンコを指すでしょうか。言葉の通り説明すれば、「丸印」は印影が丸い形のもの、「角印」は印影が四角い形のものをいいます。

　会社を設立する際には、最初に実印、認印、銀行印など、用途に応じて複数本用意することが通常です。実印とは、法務局や市町村などに登録するハンコをいいます。一般的に実印は、印影の形が丸い、丸印を登録することが多いようです。よっ

て、「丸印」は実印を指す言葉としてよく使われるのです。

　丸印の印面のデザインは、二重の円となっていることが多いようで、外側の円には会社名、内側の円には代表取締役印と刻印されたものなどが、実印として使用されています。実印は対外的に重要な取引をする場合に、会社の意思を表明するものとして、使われるものです。

　なお、従来、会社は登記をする際、法務局にハンコを登録することが必要でしたが、令和3年2月

15日から、登記の申請をオンラインで行う場合、ハンコの登録は任意とされています（登記の申請を書面で行なう場合には、従来通り、登録が必要です）。

　次に、銀行印は、銀行に届け出をするハンコをいいます。これも丸印を登録することが多いようです。もっとも、先ほど説明したように、「丸印」は実印を指す言葉として使われることが多いため、銀行印はそのまま「銀行印」と呼ばれます。

　次に認印ですが、これは役所に登録する必要のないハンコです。印影が四角い形の角印と呼ばれるハンコを認印にする会社が多いため、「角印」は認印を指す言葉として使われています。認印には、会社名のみを入れることが多いようです。請求書や、見積書などに使用します。

　ところで、丸印、角印など、「この形」にしなければならない、といった決まりはあるのでしょうか。

　会社・法人が法務局に登録する際の印鑑について、商業登記規則では、「印鑑の大きさは、辺の長さが一センチメートルの正方形に収まるもの又は辺の長さが三センチメートルの正方形に収まらないものであってはならない。」（商業登記規則第9条第3項）と定められている他、「印鑑は、照合に適するものでなければならない。」（9条4項）としています。

　また、市町村で登録ができる印鑑の大きさについて、各市町村のほとんどの条例で、「印影の大きさが一辺の長さ8ミリメートルの正方形に収まるもの又は一辺の長さ25ミリメートルの正方形に収まらないもの」は登録できないと定められ、他にも「変形しにくいもの」「（市区町村）の長が適正ではないと認めたもの」などが登録できないとされています。

　その他、特に形については決まりがないため、法務局や、各市町村に登録する実印は、定められた正方形に収まるもの（小さいもの）や定められた正方形に収まらないもの（大きいもの）ではない限り、丸印でも角印でも良いということになります。

　丸印や角印から少しそれますが、竹の節を利用したハンコ（竹根印）もあります。竹根印を実印として登録できるかどうかですが、竹根印は自然のもので、本来は成長に伴い変形するものですから、「将来変形する可能性」があり、登録している印鑑と「照合」できなくなってしまうとして、登録できない可能性もあります。もっとも、ハンコを作られている方のブログによれば、乾燥させ、印面を焼き、漆を塗ることで変形を止めているそうです。実際に竹根印を実印として登録を認めてくれる市町村もあるようですので、実は色々なハンコを実印として使うことができそうです。

　他方、角印にしなければならない、と決められているハンコもあります。行政書士や、土地家屋調査士の「士業」と呼ばれる方達が仕事で使用する「職印」です。

　筆者が現時点で確認したところ、職印の形について福岡県行政書士会では「18mm角のものに統一を推奨しております」（入会登録申請の手引き）と記載され、千葉県土地家屋調査士会では、「18mm角」（入会案内）と定められていました。行政書士や土地家屋調査士の職印は四角い角印を仕事で使うことが求められているようです。ちなみに、弁護士の職印は形や大きさについて、特に決まりはありません。

　色々と述べてきましたが、会社を作る際は、それぞれの用途に応じたハンコが必要です。

　無闇に実印を押してしまうと、重要な取引との区別がつかなかったりしまうので、実印と認印とはそれぞれ別のハンコを用意し、使い分けをしておきましょう。

❷ ハンコを使用するのかしないのか、明確化することは大切

　しかし、見積書・請求書についてもハンコを使用するのかしないのかを明確化することは大切です。ビジネスや会社において、それぞれの書類にハンコを押すのか押さないのか明確にルール化して徹底しなければなりません。

　社内規定で発注書にはハンコを押す決まりになっている会社がたまたま押印のない発注書を出してしまったとしましょう。

　取引先との関係が良好であればいいのですが、何かのトラブルが発生したとき、「おたくの発注書には普段ハンコが押されているのに、この発注書には押されていないから、正式な発注と思ってなかった。」などと、取引先から業務を拒絶されてしまうかもしれません。

　その逆のパターンもあるでしょう。社内規定で発注書にはハンコを押さない決まりになっているのに、新入社員が間違えて押印をしてしまったとします。取引先と何かのトラブルになってしまった場合、「おたくの発注書には普段ハンコが押されていないでしょ？　なのに、この発注書にはハンコが押されているんです。あやしいですね。社員が勝手にやったとか、偽造されたものとか……。こちらとしても、きちんと確認できないと、正式な発注とは認められません。」などと、取引先から言われてしまうかもしれません。

コラム ハンコがらみの犯罪

他人のハンコを無断で使用して、他人から物やお金を受け取るなど悪いことをすれば、詐欺や横領等の犯罪になってしまうことは当然です。ですがお金をだまし取るなどの行為がなくても、他人に無断で他人のハンコを作ったり、他人のハンコを使ったりすること自体が犯罪になることもあります。

ここでは、ハンコがらみの犯罪をご紹介します。

●ハンコを作ると犯罪

刑法には、第19章で「印章偽造の罪」という犯罪行為が規定されています。「印章」とはハンコのこと。ハンコの偽造だけで1つの章が規定されているのです。

この「印章偽造の罪」で犯罪とされているハンコは、

①御璽、国璽の偽造（御璽偽造）

②公務所又は公務員の印の偽造（公印偽造）

③他人の印章（私印偽造）

の3種類です（これ以外にも公務所の記号の偽造等もありますが、ここでは省略します）。

①の御璽、国璽は聞きなれない言葉ですが、御璽は天皇の印鑑、国璽は国家の印鑑です。御璽や国璽を勝手に作るところはなかなか想像できないですが、役所や公務員のハンコ、他人のハンコを勝手に作ることは犯罪になります。

●ハンコを使うと犯罪

刑法の17章では「文書偽造の罪」という犯罪行為が規定されています。文書偽造なので文書を偽造する犯罪ですが、法律の条文（抜粋）を見てみると、

154条1項 「御璽、国璽若しくは御名を使用して詔書その他の文書を偽造し、又は偽造した御璽、国璽若しくは御名を使用して詔書その他の文書を偽造」

155条1項 「公務所若しくは公務員の印章若しくは署名を使用して公務所若しくは公務員の作成すべき文書若しくは図画を偽造し、又は偽造した公務所若しくは公務員の印章若しくは署名を使用して公務所若しくは公務員の作成すべき文書若しくは図画を偽造」

159条1項 「他人の印章若しくは署名を使用して権利、義務若しくは事実証明に関する文書若しくは図画を偽造し、又は偽造した他人の印章若しくは署名を使用して権利、義務若しくは事実証明に関する文書若しくは図画を偽造」

と規定されています。

法律の規定なので読みづらいですが、いずれも御璽、国璽、印章と、偽造したハンコを使って文書を作成（偽造）することを犯罪行為と規定しているのです。

脱ハンコをテーマにしている本書とは矛盾する話ともいえますが、犯罪行為になるほどハンコは重要なものと考えられているのですね。

　ハンコとお金はきってもきることができない関係です。残念ながらハンコが偽造され裁判になったケースも存在します。

　典型的なのは偽造されたハンコが使用され預金が引き出されてしまったケースです。金融機関に損害賠償請求がなされたケースも多数あります。

　裁判所の結論では、金融機関の責任を認めたもの、責任を否定したもの双方がありますが、金融機関における担当者の確認の方法などが重要なポイントになっています。届出印の印影と払戻請求書等に偽造されたハンコの印影を肉眼で見比べただけで充分に注意義務を果たしていたと金融機関の責任を否定した例もありますので、ハンコに関して金融機関に求められる確認の精度はそこまで高くはないかもしれません。　特に届出印が悪用されてしまった場合には有効な払い戻し請求である判断されてしまうことが多くなるでしょう。ハンコ・印影の信用性は依然高いと言えます。

　これに対して、偽造されたハンコを用いた預金引き出しとは異なり、偽造・盗難キャッシュカードを用いた預金引き出しには立法で対策が行われました。偽造・盗難カードによる預金の引き出しが社会問題化したことが理由です。

　「偽造カード等及び盗難カード等を用いて行われる不正な機械式預貯金払戻し等からの預貯金者の保護等に関する法律」（通称「預金者保護法」といわれています）が平成18年に施行されたことにより、偽造・盗難預貯金者は保護されることになりました。

　しかし、預金者保護法もいかなる場合でも預貯金者を保護するというわけではなく、警察や銀行等への届出の日数制限が設けられていたり、預貯金者の過失の有無や程度によって補償の程度が異なります。そこで、現在は預金者保護法の適用があるか、適用があるとして、預貯金者の過失の有無や程度といった観点に争いがシフトしています。

　このようなことからしてもハンコ、キャッシュカードなどお金に関係する重要な物品が偽造盗難された場合には速やかに警察・銀行等に届け出ることが重要です。

2 | 契約書の脱ハンコは可能?

① 契約書の脱ハンコは可能だがやや注意が必要

見積書・請求書のほかに、ビジネスにおいて日常的に作成する書類として契約書があります。

契約書についても、ごく一部の例外的な種類の契約書以外は押印は義務ではありません。

脱ハンコの動きの中で、内閣府、法務省、経済産業省が公表した「押印に関するQ＆A」でも、「契約書に押印をしなくても、法律違反にならないか。」という質問に対し、「私法上、契約は当事者の意思の合致により、成立するものであり、書面の作成及びその書面への押印は、特段の定めがある場合を除き、必要な要件とはされていない。」「特段の定めがある場合を除き、契約に当たり、押印をしなくても、契約の効力に影響は生じない。」との回答が示されています。

ただ、実際のところ、契約書については押印をして作成することが一般的だと思います。契約書にハンコが押されていなければ、「あれ？　この契約書、ハンコが押されていないじゃないか！先方に返送して、押してもらうように連絡しておいて！」というように、ハンコが押されていないと不自然と考えられることがまだまだあるでしょう。

私たち弁護士の普段の仕事においても、依頼を受ける際の委任契約書には、弁護士と依頼者の両者の署名押印を必要としていることが一般的です。

このように契約書の押印を廃止することは可能ではあるのですが、慣習として契約書への押印が残っていること、契約を巡るトラブルになった時の問題（少し後ろで詳しく説明します）から契約書については単純に押印を廃止するというわけにはいかず、押印廃止に伴ってやや注意が必要ではないかと思います。

② そもそも契約書を作らないことも多い

　そもそも契約書を作成しないということもあります。

　政府公表の「押印に関するQ＆A」でも『「契約は当事者の意思の合致により、成立するものであり」、「書面の作成」が「必要な要件とはされていない」』とあります。

　契約が成立したといえるためには、お互いが「これを売ります」、「これを買います」と口頭やメールで約束をすれば足りるもので、実は、契約書という書類そのものが絶対的に必要なものではないのです。

　例えば、ネットショップで何かを購入する場面を考えてみた場合、パソコンやスマートフォンでポチポチっと購入画面を押し進めていき、決済方法を選べば購入が完了し、数日後には購入した商品が手元に届きますよね？

　その際に、わざわざ購入先のネットショップと契約書を郵送やメールでやり取りしてハンコを押して……などということは基本的にしていないはずです。本来、ネットショップで買い物をすることは、売買契約という立派な契約ですが、契約の成立に契約書などの書面が必要ではないことの身近な事例といえます。

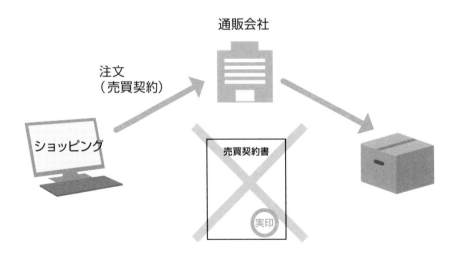

　このように、押印しなくても問題ない契約に関してはそもそも契約書を作らないという方式が広く定着しており、脱ハンコがある意味では実現されています。よって、現在押印をして作成をしている契約書の場合、ハンコを押すだけの何かしらの理由が隠れているかもしれません。

3　契約書に押印する意味

◉ 契約の成立を証明する

　契約が成立したといえるために契約書は書類は必要なものではない、だからハンコも必要ではない、ということは分かりました。

　でも、いざ契約書を作成した場合に、その契約書にハンコを押さなくても本当にいいのか？という疑問を持つかもしれません。

　先述の政府の見解でも、契約書への押印は必要な要件とはされていません。

　とはいえ、わが国のビジネスにおいて、会社や個人間で契約書が作成された場合、社名や名前だけが記載されていてその横に押印が無いものは現在はほとんど見られません。ほぼすべての契約書にやはりハンコが押されています。

　実は、現在のわが国の契約書には、文末の契約日付や署名欄のすぐ上の辺りに、次の一文が書かれています。

　本契約書成立の証として、本契約書2通を作成し、甲乙記名捺印の上、各自1通を保持する。

　この一文は、多くの契約書にお約束の呪文のようなものとして記載されています。弁護士が契約書を作成したりチェックするときも、この一文を入れることが一般的です。

　この一文には、「記名」だけでなく「捺印の上」とあります。

　つまり、わが国での典型的な契約書は、わざわざ「捺印」、つまりハンコを押すことを前提としているのです。捺印と記載されているのにハンコが押されていないとなると、仮に裁判などになったときに「契約が成立した」といえるかどうかの争いが残る可能性があります。

　さて、このように見てみると「あれ？　ハンコは法律上必要なものではなくて、ハンコがなくても契約は成立しているんでしょ？　なのに、契約書にハンコが無いとやっぱり契約は成立していないって言われるの？」と、混乱してしまいますよね。

　ここからは少し難しい話になってしまうのですが、ハンコを押す意味の重要な部分であり、脱ハンコを進めてゆく上で理解しておきたい視点ですのでちゃんと説明しましょう。

ハンコを押すとき、「捺印してください」、「押印してください」と言われることがあります。捺印と押印はどう違うのか、どのように使うのが正しいのでしょうか。

捺印と押印、どちらもハンコを押す行為を指しますが、実はこれらの言葉は他の言葉とセットで使われます。捺印のときは「署名捺印」、押印のときは「記名押印」です。

では、「署名」と「記名」はどう違うのでしょうか。署名はいわゆるサイン、手書きで自書する（自分の氏名を書く）ことをいいます。それに対して「記名」は手書き以外の方法で氏名を記載することをいいます。よく使われる記名のパターンは、ゴム印で氏名や会社名を押したり、最初から印刷してしまう場合です。

したがって、ハンコを押すときに、署名と一緒にハンコを押せば「捺印」、署名ではない記名と一緒にハンコを押せば「押印」です。

捺印と押印、どちらもハンコを押すという意味は同じですが、セットとなる言葉で使い分けられているのです。

筆者は個人的に、「押印」よりも「捺印」の方が丁寧な言い方のような印象があります。「ご捺印ください」はよく聞きますが、「ご押印ください」という言い方はなんとなくあまりしないなと感じます。ですが、ビジネスの場面では署名よりも記名の場合の方が圧倒的に多いでしょうから、本来は「ご押印ください」が正しい言い方なのでしょうね。

◉ 裁判と証明

繰り返しますが、特定の限定的な場面を除いては、契約書への押印は法律上必要ではありません。契約が成立したといえるためには押印はなくてもよいのです。

しかし、裁判の場面では話は変わってきます。裁判は真実に基づいて結論を出すものではなく、証明された事実に基づいて結論を出すものだからです。

普段のビジネスにおいても、「いざ裁判になってしまったら」という、もしものことを考えておくことは、実は重要だったりもします。

「裁判なんて、一生に一度やるかやらないかでしょ」と考える人が多いと思いますが、経営者の中には裁判を多く乗り越えてきた人も当然います。

どれだけ長くお世話になっていて、仲良くお付き合いしてきた取引先でも、いつどんなことがきっかけでトラブルとなり、裁判沙汰になってしまうか、実際には分からないものです。

「あれだけ仲良かった社長さん同士なのに、今ではそんなにお互いを信用できなくなってしまっ

たのか……」などと、弁護士の立場から思うことは日常的にあります。ですから、ビジネスにおいては、「いつ、誰との間でどの取引が裁判沙汰に発展してしまうか分からないから、普段からある程度はそれを想定して備えておこう」という心積もりが重要です。

　裁判沙汰になってしまったときのハンコの意味や効果について、裁判を経験したことのない人にも実際にイメージを持っていただけるよう架空の事例を交えて説明します。

 契約の範囲が不明確になってしまった事例

　X社は、世界中でとあるウイルスが広まり、手指消毒剤が飛ぶように売れたことで市場在庫が急激に減少している状況を見て、新規参入を計画していました。
　ですが、この需要は明らかに一時的で、他社が生産体制を強化する前に市場に商品を供給する必要があります。X社が今から生産設備を用意していては間に合いません。

　そこで、X社は、海外工場で手指消毒剤を安く製造しているY社に対して、X社の自社ブランドの手指消毒剤を、いわゆるOEM製品として製造してもらい、X社がY社から買い取り、X社の商品「スーパーX」として市場に販売することとしました。
　ウイルスが広まり始めた初期のうちに、競合他社よりも先んじて大量に市場に商品を供給しシェアを獲得する戦略です。
　X社の担当者は、すぐさまY社の担当者に対し、「この件はとても急いでいるので、契約書の締結を待たずに、すぐにでもまず大量に製品の製造を開始してもらえませんか。総額2億円くらいで、100万本程度をお願いしたいと思っています。」とメールしました。
　併せて、X社の担当者は、総額2億円で100万本の手指消毒剤を買い取ることが記載された契約書を2通作成し、2通ともに自社の署名とハンコを押した上で、Y社の担当者に郵送しました。

Y社としても、突然に湧いてきた大量発注に喜び、契約書の締結作業の完了を待たずに、早速、フルスピードで大量の手指消毒剤を製造しました。

　そして、Y社は、すぐに100万本という大量の「スーパーX」を製造を開始し、まずは、先に完成した50万本をX社に納品しました。X社もY社に対して、代金1億円を支払いました。

　ところが、X社と同じようにウイルスの蔓延を商機とみた競合他社が、より良い手指消毒剤を予想外のスピードで大量に市場に投入したため、X社の目論見は狂ってしまい、「スーパーX」は全く売れません。

　とはいえ、Y社としてはそんなことは関係ない話ですし、X社から急いで大量に製造してくれと頼まれたわけですから、残りの50万本も当然X社に引き取ってもらい、未払いの代金1億円を支払ってもらわなければ困ります。しかし、X社としては、売れないと分かっている「スーパーX」の残りの在庫を引き取ったところで、1億円は損にしかなりません。

　ここで困ったX社の社長は、何か策はないものかと思い、「スーパーX」に関してY社と取り交わした契約書を見てみることにしました。

　そして、第1条から順番に見てみると、なんとY社の署名欄には、「Y社　代表取締役○○○○」の記載はあるものの、その横に、Y社のハンコ（代表者印）が押されていなかったのです。

　一方で、X社の署名欄にはハンコが押されています。

　X社とY社との「スーパーX」の取引はスピード重視で行われたため、確認作業が不十分でY社は代表者印を押さないままX社に送ってしまったのです。

　そして、例のごとく、この契約書には署名欄のすぐ上の部分に、「本契約書成立の証として、本契約書2通を作成し、甲乙記名捺印の上、各自1通を保持する。」という一文が書かれています。

これを見たX社の社長は、

「しめしめ、Y社のハンコが押されていないのだから、 契約書の取り交わしは完了していないぞ！ つまり、この契約はまだ成立していないのだ！ 最初にうちの担当者が送ったメールだって、「2億円くらい」とか「100万本程度」とか、まだはっきり数字を確定させていたわけではないんだから！

まあ、既に商品を受け取って代金も支払い済の50万本については契約が完了したことを認めてもいいけど、残りの50万本については契約が成立していないのだから、うちが引き取る義務もないし、代金を支払う義務もないぞ！」

と、このように考えました。

そして、「スーパーX」の残りの50万本の引き取りと、Y社への1億円の代金の支払いを拒絶しました。

これに対して、Y社の社長は当然次のように反論しました。

「契約書にハンコが押されていなくとも契約は成立するのだから、今回、たまたま当社がハンコを押し忘れてしまったとしても、製造を依頼されて、実際に当社が製造した「スーパーX」の全部について売買契約が成立しているのだ！

だから今すぐに残りの50万本全部引き取って、1億円も支払ってください！

じゃないと、うちで在庫の50万本を処分して、その処分費用200万円と、今まで50万本を保管してきた保管費用500万円も、未払いの代金1億円と一緒に裁判で請求しますよ！」

はたして、この「スーパーX」をめぐるX社の主張とY社の主張は、どちらが認められるのでしょうか。「スーパーX」は、50万本だけについて契約が成立しているのか？ それとも100万本全てについて契約が成立したといえるのでしょうか？

途中のやり取りを見ると、真実としては100万本についてX社とY社の間で合意が成立していたのだろうと考えられますし、Y社の主張は政府の見解にも沿った正しいものに見えます。

しかし、実際の裁判では、Y社が普段は契約書の作成時にはハンコを押しているというY社の習慣や、今回はたまたま押し忘れてしまったとして、どうして押し忘れてしまったのかという理由、

そのほかにもX社とY社とのメールのやり取りなど、様々な証拠資料に基づいて、50万本についてのみ契約が成立したのか、100万本の契約が成立したのかが判断されることとなります。真実がどうかというのは裁判官には結局分かりませんので仕方がありません。

　例えば、こんな事情があったらどうでしょうか？

　Y社において、実は、実績を上げたくて焦った担当者が、製造担当者には「急ぎの件だから、特別に契約書無しでの製造スタートを社長からOKもらったから、早速製造スタートさせてね！」と言いつつ、X社から送られてきた契約書を必要な社内稟議にかけずに、自分で送り返してしまい、そのためにハンコが押されていなかった、というような場合です。
　この担当者は、発覚後にすぐにクビになりましたが……。
　なんだか雲行きが怪しい感じがしますよね？

　つまり、いくら政府の見解で、契約書にハンコは不要といっても、それはあくまでも"法律上は必要がない"というだけのことです。
　実際に、契約が成立したかどうか、すなわち「代金2億円で100万本買取り」という数字が明確に二社間で合致しているかどうかが裁判で争いになってしまったときには、現在のわが国においては、ハンコが押されることが通常であるという慣習が前提にあるため、ハンコが押されていないことが、契約が成立したのかどうかの判断において、一つのマイナス要素として判断されることは、往々にしてあり得ます。

　政府の見解では、法律上は、契約書にはハンコは不要ということでした。しかし、一方で、実は、ハンコが契約書に押されていると、裁判で有利な効果が得られるとも法律に書いてあります。

　これを説明するために、次の事例で説明します。

令和3年5月1日、AさんはBさんに500万円を貸しました。Bさんは飲食店を経営しているのですが、一時的に売り上げが落ちてしまい困窮しているとのことでしたが、ここを乗り越えさえすれば利息を付けて返してくれるとのこと。

AさんとBさんはお金の貸し借りについて元金500万円、返済期日は一年後、利息は一年後に50万円と取り決め、「消費貸借契約書」を作成しました。この契約書にはAさんとBさんのそれぞれが氏名・住所を記入、それぞれの名前の横に実印の押印もしています。

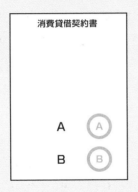

なお、実は、Aさんは、Bさんとはお金を貸した日に初めて会ったのですが、Aさんは昔からお世話になってるC社長からBさんへの援助を懇願されて、この日に初めてとある喫茶店で、Aさん、Bさん、C社長の3人で顔合わせをしたのでした。

Aさんは、その場でBさんに500万円を現金で渡して、取り交わした契約書2通のうち、1通を持って帰りました。

その後、約束の支払い期限を過ぎてもBさんから返済はありません。またAさんとC社長は喧嘩をしてしまい、まったく連絡も取らず、疎遠になってしまいました。

Aさんが取り立てのために、契約書のBさんの署名欄に書かれている住所を尋ねてみると、一軒家があり、その1階部分は小さな飲食店になっていました。どうやらここがBさんのお店のようです。

Aさんが店内にいたBさんに、「去年、500万円を貸したAです。覚えていますでしょ？ そろそろ返してくださいよ」と言いました。

しかしBさんは「失礼ですが、どなた様ですか？　私はあなたからお金なんて借りていませんよ。誰かとお間違いでは？」としらばっくれています。

　念のため契約書を持ってきていたAさんは「ほら、この契約書を見てください。あなたの名前、それにここの住所が書いてあって、ちゃんとあなたの実印が押してあるでしょう！　C社長と一緒に喫茶店で3人で会ったじゃないですか！　しらばっくれないでくださいよ！」と、契約書を突きつけました。

　ところがBさんは「ああ、C社長ね。良い人だと思ってたのに……。いやね、ウイルスで店の経営が苦しい時に、お金貸してくれるっていうので、信用して、手続きに必要だからって、実印をCさんに渡してしまったんですよ。私も不注意だったなあ。その実印を勝手に使って、そうやって契約したんでしょ。5月1日？　私は喫茶店になんか行っていませんよ。そこにいたのは私をかたった別人でしょ、あなたもCさんに騙されたのでは？　かわいそうに」と言うのです。

　Aさんとしては、「いやいやあなたもそこにいたでしょう」と思いましたが、1年以上前に少し会っただけですし、今まさに目の前にいる接客用の化粧を施したBさんがあの時の人と同じ人物かといわれると自信をもって反論できません。

　仕方がないのでAさんは、Bさんを相手に、500万円を請求する裁判を提起し、Bさんの実印が押されている契約書を証拠として裁判所に提出しました。　はたして、Aさんの請求は認められるのでしょうか？

　この時、わが国の民事裁判では、一つのルールが機能します。

　簡潔に説明すると、契約書に実印が押されている場合、よほどの事情がない限り、その契約書は実印の名義人本人が作成したものであると認められる、というルールです。

　つまり、AさんとBさんの事例では、Bさんの実印が押された契約書は、たしかにBさんが作成した、つまりBさんがお金を借りたものと認められるということです。

　では、これが認められなくなる"よほどの事情"とは何でしょうか？

　例えば、C社長がBさんから実際に実印を預かっていたことや、Bさんが5月1日には喫茶店とは違うところにいたというアリバイなど、5月1日にBさんが実印を喫茶店で押すことがあり得ないといえる事情がこれに当たりますが、真実どうだったかではなく、Bさん自身が、この"よほどの事情"を証明する責任を負うことになるというのが重要です。

　そして、もし、この事例で、契約書にBさんのハンコが押されていなかった場合には、証明する責任は逆の話になります。Aさんの方が、5月1日に喫茶店で契約書にサインをしたのは間違いなくBさんであったことを証明しなくてはいけなくなるのです。AさんはBさんと面識がなく、Bさんの写真を取ったわけでもありませんから、この証明をすることはなかなか難しいでしょう。

　Bさんの押印の有無がまさに裁判上の決め手になってくるポイントなのです。

④ 契約書の脱ハンコの注意点

　契約書にハンコはいらないという政府の見解や、裁判ではハンコがあると有利であることなどいろいろと述べましたが、結局のところ重要なことは、押印の意味や効果を理解し、そのうえでハンコを使用するのかしないのか、しない場合には仮に裁判になった場合の対策を予め決めておき普段から徹底することです。

　「自社作成の書面にはハンコを必ず押印する」と決めたのに、ハンコが押されていたり押されていなかったりすると、前述のようなトラブルになりかねません

　裁判上の立証については、押印の代わりに電子契約システムなどを導入し別の立証方法を考えることも一つですし、割り切ってリスクテイクをすることも一つでしょう。

　大きな会社では、ハンコは誰の責任でどこに保管されているのかなどを定めた印章管理規程を作成しています。また、ハンコを使用する書類と使用しない書類、使用するとして、誰がハンコを押印するのか等を定めた押印に関する規定も整備されています。中小企業でも契約書を含め書類の種類ごとに押印の有無を含めた作成に関する規定を整備すると有用です。

会社で利用する印章には認印、銀行印、代表印など用途によっていくつもの種類があります。また、同じ印章がそれぞれ1つとは限らず、複数用意されていることもあります。支店ごとに備え置く場合もあるでしょう。すべての印章を社長が保管して、すべての押印を社長が行うというのは非現実的ですから、印章ごとに保管者や押印権者を定めてゆくのが通常です。

　そこで、このように多数の人が扱う印章について一定のルールを設けておく必要があります。これが印章管理規程ということになります。

　では印章管理規程ではどのようなことを定めるべきでしょうか。

　会社で使用する印章をどのように管理するのかという前提の定めが必要です。

　管理する印章の用途、印影、管理方法、管理開始日、管理責任者などです。途中で印章を改廃することも考えられますので改廃の手順も定めておくべきでしょう。

　次に、印章の保管方法、紛失や盗難があった場合の対処方法、押印のルールがある会社ではこのルールも定めることになります。

　契約締結を電子署名や電子契約で行うことも増えてきました。印章に準じるものとして電子署名を誰ができるのかについても印章管理規程の中で定めておくのが便利です。

　もし規程がまだないということであれば、本書の付録を参考にぜひ印章の管理や押印のルールを定めてみてください。印章管理規程は印章の取扱い方を会社内で共有する手助けツールとして考えればいいかと思います。

3 章

脱ハンコの
進め方

1 | メリット・デメリットを 検討しよう

　これまで「ハンコ」を押すことの効果や意味を述べてきましたが、「脱ハンコ」により、皆さんの会社の仕組みがどのように変わり、どのようなメリットが得られるのでしょうか。

1 脱ハンコのメリット

◉ メリット1　事務処理の簡略化

　ハンコを押すためだけに出社するといった話も聞きますが、押印に伴う事務処理上の負担が軽減されるのが何といっても最大のメリットです。ハンコのある場所に行かなければ書類が作成できないということもなくなりますし、押印権限を有する役職者が出張中で押印ができないといったこともなくなります。

　とはいえ、ハンコは重要なものですので、誰もが簡単に会社のハンコを使えるようにすることはできません。押印の効果についての説明もしましたが、これはハンコを勝手に使われてしまった場合の危険性を示すものでもあります。慎重な意思確認のためにハンコが使われるのですから、ハンコというものは本質的に使いにくくあるべきもので、使いにくいからこそ価値があります。業務効率化のためにはできる限り脱ハンコを進めるということになるでしょう。

◉ メリット2　ペーパーレス化の促進

　ペーパーレス化において押印をどうするかは一つの課題ですが、脱ハンコをしてしまえば一気にペーパーレスの促進ができます。

　見積書・請求書であればクラウドで簡単に作成・送付できるサービスもが多くあり、インターネットにつながっている環境があれば、紙を使わずにそのままメールに添付したり、LINE等にアップロードすることで、どこにいても相手方とやりとりすることが可能です。印刷代や郵送費も節約できます。

　また、書面管理もデータで行うことでオフィススペースの有効活用が可能です。

◉ メリット3　印紙税の節税の前提として

　一部の契約書については、作成した場合に印紙税が発生するものがあります。このような契約書について脱ハンコを実現し、電子契約等に置き換えれば、紙の契約書に貼っていた印紙が不要になり、印紙税の節約が可能です。

② 脱ハンコのデメリット

では逆に脱ハンコにデメリットはないのでしょうか。

ハンコには次の効果があります。

①　書類の証拠としての価値を高める
②　誰が作成したかをはっきりさせる

ハンコを押さないとこの効果は失われるわけですから、ここはデメリットといえます。
　そのため、従来ハンコが担っていた役割を実現する代わりの手段を併せて導入するのが通常ですが、代替手段の導入に関してもデメリットがないわけではありません。

◉ デメリット1　導入コスト

　ハンコの役割を果たす代わりの手段が必要になりますので、当然そのシステムの導入のコストはかかります。
　例えば、契約の方法を電子契約とする場合、電子契約のサービスを使用するための費用がかかります。

◉ デメリット2　仕事のやり方を変える必要が出る

　脱ハンコをする上では、どうしてもハンコに変わるシステムを導入したり、仕事のやり方を変えたりする部分が出てきます。業務フローやルールの変更も必要でしょう。

　例えば、決裁印を書類に押す決まりがある会社であれば、決裁印に変わって役職者の決裁を取ったことが分かるような仕組みの構築が必要になります。

また、ハンコに変えて、もしも電子印鑑や電子契約といった方法を導入する場合は、新しいやり方についてこられなくなる従業員が出てくる可能性がどうしてもあります。

新しい方法を導入するときには、研修を行ったり、しばらくはハンコと脱ハンコの方法を併用したりする手間やコストも考えなくてはなりません。

◉ デメリット3　取引先との関係

取引先から契約書や見積書にハンコを押してほしいと言われた場合、いくら法律上はハンコを押さなくていいといっても拒否するのは難しいことです。このような場合は、取引先にハンコを押さないことを理解してもらうしかありません。

基本契約を結んでいて、　そこに個別契約の方法が明記されている場合等は特に注意が必要です。そこで決められている方法とは違う方法はとらないほうがいいでしょう。

例えば、押印をした見積書や、発注書・受注書を発行すると規定されているような場合、ハンコを押した書類を出さないと個別契約自体成立していないとされてしまう可能性があります。

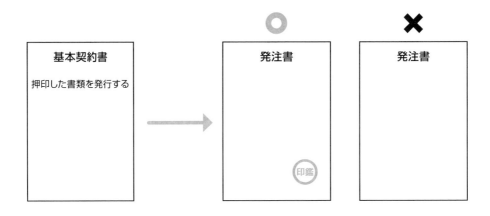

このような契約がある場合は、　その条項を取引先と変更したり、ハンコは不要という合意を取っておく必要があります。

2 | 脱ハンコの内容を決める

1 考え方

では、メリット・デメリットを検討し、脱ハンコを進めていこうというとき、どのように進めていけば良いでしょうか。

● 脱ハンコ検討のための考え方

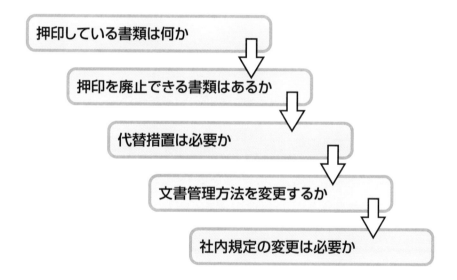

押印している書類は何か

↓

押印を廃止できる書類はあるか

↓

代替措置は必要か

↓

文書管理方法を変更するか

↓

社内規定の変更は必要か

　いきなりハンコを完全に廃止するということは多くの会社で難しいと思います。脱ハンコを進めるにあたっては、これまでにハンコを押していた書類を総点検し、ハンコを押した方がよい書類か、それともハンコを押す必要のない書類かを選別してゆくことになります。どの範囲で脱ハンコを進めるのかを決めてゆくのか、現在使用している書類の洗い出しと選別を行いましょう。

第1章で説明した通り、不動産取引における媒介契約書や重要事項説明書、定期借地契約などは法律で書面化が必要とされていますので、このような一部類型の書類を作成する際にはハンコが必要です。

　また、ハンコが押されている書類であれば、あとから書類に記載された内容が争われたとしても、ハンコの存在によって「内容が違う」などの言い逃れができにくくなるという効果もあります。

　法律上必要とはされておらず、この押印のメリットとも無関係な書類については脱ハンコになるでしょう。また、押印のメリットを代替措置で実現できる書類に関しても、脱ハンコを目指していくことになります。

② ハンコ要否判断ポイント

　ビジネスでハンコが求められるシーンを大きく二つに分けると、社内決裁と社外とのやり取りがあります。

◉ 社内書面の脱ハンコ

　議事録や提案書など社内でもたくさんの業務書類が存在するものと思います。

　これら書類にも担当者や上長のハンコが押されていることが一般的ではないでしょうか。

　しかし、先にも述べた通り、会社法上、署名押印が義務付けられている取締役会等の議事録（署名しない場合）等を除き、基本的にハンコを押すことは必要ありません。

　ハンコは、あとから書類の内容を争われにくくすることがメリットですので、内容が争われる可能性のないものにまでハンコを押す必要はありません。

　仮に、書類の決裁状況を明らかにするという意味での押印であれば、最近では電子決裁システムを導入している会社もあります。電子決裁システムとはこれまでハンコを押して決裁していた書類をオンライン申請とオンライン決裁に置き換えるものです。電子決裁システムを用いることによって、会社に保管されているハンコを押すためだけに会社に出勤する必要もなくなり、いつでもどこからでも申請や決裁を行うことが可能となります。

　そこで、社内文書のなかでも決裁が必要な書類と決裁が不要な書類を分類し、決裁が必要ではない書類については思い切って脱ハンコを進めましょう。ただし、この場合でも、どの書類が正式なものであるのか判別ができるように、正式版だけを保存するフォルダーを設けるなどの

工夫は必要です。

　他方で、決裁が必要な書類については、認証情報のある電子印影を作成できるサービスを導入し、これを決裁権限者のみが利用できるようにしてみましょう。

コラム　認証情報のある電子印鑑/シヤチハタの話

　ハンコを押す代わりに、例えば、単純に印影の画像データを請求書のExcelに貼り付けて使用するなど、電子データとしての印影を使うこともこの本では紹介しており、実際に広く使用されているかと思います。

　もっとも、そのような電子データとしての印影は、デジタルデータですから、簡単にコピーができてしまい、悪用されてしまう可能性があります。

　そこで、コピーや転用を困難にするべく、各社が技術開発を進めていますが、2021年8月、ハンコといえば多くの人が思いつくであろう、あのシヤチハタ株式会社も、他社と共同での発展的な技術開発を発表しました。

　具体的には、ブロックチェーンを利用した電子印鑑システム「NFT印鑑」というものを開発していくとのことです。

　「NFT（Non-Fungible Token：非代替性トークン）」とは、ブロックチェーン技術が持つ特徴であり、「偽造不可な鑑定書・所有証明書付きのデジタルデータ」と呼ばれています。

　このブロックチェーン技術が利用されているもので、最も有名なのはビットコイン等の仮想通貨でしょう。このブロックチェーン技術の特徴であるNFTについて、誤解を恐れず簡単に説明しますと、あるデータの内容（仮想通貨であれば、最新の売買取引の情報・価格等）について、世界中の人がそのデータの内容の更新・書き換えといった変遷を、24時間常に確認・監視し合っているため、悪意を持った何者かが勝手にコピーや改ざんをすることがほぼ不可能となります。そのため、データの内容が常に正しいことが担保されることとなるものです。

　シヤチハタ株式会社は、このNFT技術とハンコを組み合わせることによって、技術的に信頼性が担保された電子ハンコを開発するというのです。

　つまり、ハンコの本来の持ち主以外の悪意を持った誰かが勝手にコピーや改ざんをすることがほぼ不可能な電子印影データが作成されるため、その電子印影については、間違いなく本人が使用したもの、押したものと簡単に証明できるようになるということです。

　具体的な内容はこれから開発されるということですが、伝統的なハンコの文化と、最新のデジタル技術を融合させた素晴らしい技術となることでしょう。

◉ 社外書面の脱ハンコ

　見積書や請求書など、記載された内容について事後的に争われる可能性の低い書類については脱ハンコを進めても問題ありません。

現在、指定の紙の伝票にハンコをついたものを手渡しや郵送でやり取りしているのであれば、脱ハンコによってメール添付などデータでの取り交わしも可能となります。ただ、一方的に廃止するのではなく取引先にも脱ハンコのメリットを理解してもらうことは重要です。

他方で、契約書など争いになった時に効果を発揮する書類については、押印に代わる代替措置を導入することとのコスト比較なども行っていくことになります。

◉ ハンコの要否を確認する

脱ハンコを進めるに当たり、ハンコを押す必要がある書類か、幼くてもよい書類かを選別する必要があるという話をしました。まずは進める前に、以下のような表を作成しておくと、漏れを防ぐこともでき、分かりやすいでしょう。

ハンコ要否判断表

分類	書類名	ハンコの要否
社外	請求書	○ ／ ×
	見積書	○ ／ ×
	発注書	○ ／ ×
	契約書	○ ／ ×
	提案書	○ ／ ×
社内	企画書	○ ／ ×
	稟議書	○ ／ ×
	辞令	○ ／ ×
	欠席、早退、休暇届	○ ／ ×
	経費精算書	○ ／ ×
	会議議事録	○ ／ ×
	取締役会議事録	○ ／ ×

③ 代替措置の検討

脱ハンコに合わせて何かしらの代替措置を導入するほうが望ましい場合もあります。代替措置を導入するか、導入するのであればどのような措置をとるかも検討しましょう。脱ハンコに伴って導入されることが多い代替措置を次の章でいくつかご紹介いたします。

脱ハンコの
代替措置

1 | 電子印影・電子印鑑

1 二種類の意味で使われている

　押印の代わりにPDFデータにハンコの画像が張り付けられている請求書を受け取ることがあります。正式な定義はない用語ですが、電子印影・電子印鑑などと呼ばれています。

　ハンコを一切廃止してしまうと不安が残る場合には、一つの代替措置になりえます。

　もっとも、一般に電子印影・電子印鑑と呼ばれているものには大きく分けて2パターンがあり、効果という意味では全く異なります。

　一つは、単純にハンコを押印した印影をデジタル化しただけのもので、要するに印影の画像です。これに関しては単純に押印した書類の見た目や雰囲気を再現するというだけの意味で用いられおり、1章で説明した裁判の立証上のメリットなどはありませんが、意外に広く活用されている方法です。

　もう一つは印影の画像データに使用者や日付などの識別情報を組み込み、現物のハンコと同じように特定の人物による押印であることの確認を取りやすくする機能を有するものです。

　電子印影・電子印鑑を脱ハンコの代替措置として導入する場合、どのような効果を狙うのかに合わせて選択することになります。脱ハンコを目指す書類がどのようなものであるのかによっても当然変わります。

　見積書や請求書をデータでやり取りする際、見た目の上で押印があった方がよいというだけの場合もあります。官公庁が作成する書面には本来押印がなされる箇所に「押印省略」や「印省」と記載されていることがありますが、このように押印をしなくてもよい書類であることを示すだけ、押印を忘れているわけではないということを示すだけであれば、印影をデジタル化しただけの画像としての電子印影を用いる方法でも十分でしょう。

　他方で、契約書などのようにあとから締結の有無や契約内容が争いになる可能性があるもの、いつ発行されたものであるのかあとから確認が必要になる書類に関しては、 単なる画像の電子印影を用いる方法では画像を複製される可能性もありリスクがあると言わざるを得ません。

　このようなやり取りを行う場合には、識別情報を組み込んだ印影を用いるか、電子契約を用いる方法が適切ということになるでしょう。

コラム　PDFって何？

　PDFは、「Portable Document Format」の略で、ファイル形式の一種です。文字、図形、表などを、紙に印刷したときのイメージそのままで表示できます。

　一般的に、あるアプリケーションで作成したファイルは、そのアプリケーションがないと開けません。また、パソコンの機種、OSの違いによって、レイアウトが崩れてしまうこともあります。

　PDF形式で保存したファイルは、アプリケーションの違い、機種やOSの違いとは関係なく、同じ状態で表示することが可能です。

　こういったことから、見積書や請求書といった書類をメールでやり取りする際には、PDF形式が用いられることが多くなっています。

　PDFファイルの読み込みには、PDFビューアが必要となります。Adobeが無償で提供している「Acrobat Reader DC」をインストールしておくとよいでしょう。

「Acrobat Reader DC」のインストール

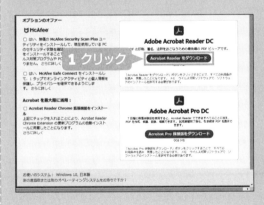

1 Adobeのサイト（https://get.adobe.com/jp/reader/）にアクセスします。「オプションのオファー」は必要なければオフにします。［Acrobat Readerをダウンロード］をクリックします。

2 保存場所を指定し（ここではダウンロード選択）、［保存］をクリックします。

3 ダウンロードしたファイルをダブルクリックします。

4 インストールが開始されます。完了したら、[終了]をクリックします。

5 Acrobat Reader DCが起動します。

---

2 簡易な電子印鑑の作成方法

　電子印影は各種サービスから作成することも可能ですが、自分で作る簡単な方法を2つご紹介します。

　なお、いずれも識別情報等は含まずあくまで見た目を再現する方法です。

●「Acrobat Reader DC」を用いる方法

電子印鑑を押す

1 「Acrobat Reader DC」を開いたら、[ツール]タブをクリックします。

2 いくつかの項目が表示されるので[スタンプ]をクリックします。

3 上部に［スタンプ］ツールバーが表示されました。［ファイルを選択］をクリックします。

4 電子印鑑を押したい書類のデータを選択し、[開く]をクリックします。

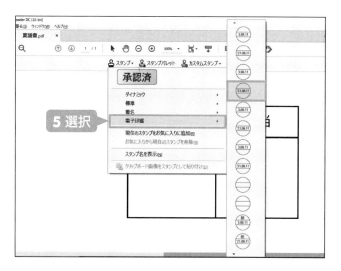

5 ［スタンプ］ツールバーの［スタンプ］をクリックし、表示されるメニューで［電子印鑑］を選択して押印したい電子印鑑をクリックします。

6 ［ユーザー情報の設定］ダイアログボックスが開くので、名前や役職名などを入力し、［完了］をクリックします。

7 電子印鑑が作成されるので、押印したい箇所でクリックします。周囲のマークをドラッグすることで大きさを調整できます。

作成した電子印鑑を
お気に入りに登録する

1 作成した電子印鑑を選択し、[スタンプ]-[現在のスタンプをお気に入りに追加] を選択します。

2 [スタンプ] をクリックすると、お気に入りに登録した電子印鑑が表示されるので、すぐに利用することができます。

● 今使っているハンコの印影をデジタル化する方法

Wordを利用して
電子印影を作成する

1 白紙を準備し、ハンコを押します。押印した紙をスキャナーでスキャンします。解像度はあまりに大きくても不便ですが、 ある程度大きめの200dpi以上がキレイに仕上がります。

※スキャナーがない場合は、「Microsoft Lens」などのスマートフォンアプリを利用するとよいでしょう。

2 次に、データから電子印影を作成します。Wordを起動し、[挿入] タブの [画像] － [このデバイス] を選択します。

※スマートフォンでデータを作成した場合は、あらかじめパソコンに保存しておいてください。

3 スキャンした画像を選択し、[挿入] をクリックします。

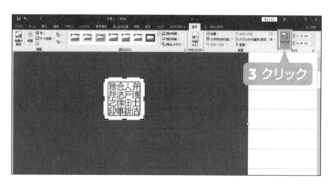

4 周囲の余分な部分をトリミングします。[図ツール－書式] タブの [トリミング] をクリックし、四隅に表示された大きめのかぎかっこの一部のようなマークをドラッグして範囲を設定します。設定できたら再度 [トリミング] をクリックするとトリミングされます。

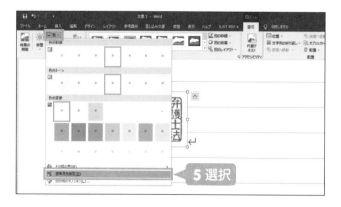

5 [図ツール－書式] タブの [色] をクリックし、[透明色を指定] を選択します。

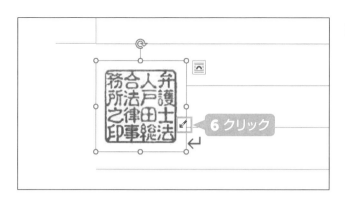

6 ハンコ以外の部分をクリックすると、背景を透明にすることができます。

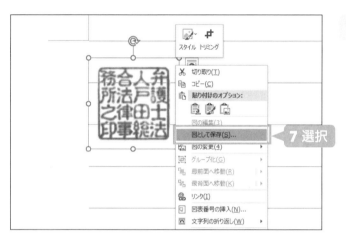

7 画像を右クリックし、[図として保存]を選択します。

8 作成したデータをPNG形式で保存します。

　以上の作業が完了したら、今後WordやExcelで作成した請求書等に画像の貼り付けを行うことで電子印鑑として活用することができます。

「Acrobat Reader DC」のカスタムスタンプにする

　作成した印影の画像をPDF保存すれば、「Acrobat Reader DC」のカスタムスタンプとして登録することができます。PDFに直接スタンプとして押せるので便利です。

1 背景を透明にした状態で、[名前を付けて保存]を選択し、[ファイルの種類]で[PDF]を選択して保存します。

2 [Acrobat Reader DC]で[ツール]タブ、[スタンプ]とクリックして[スタンプ]ツールバーを表示したら、[カスタムスタンプ]－[作成]を選択します。

3 [参照]をクリックして保存したPDFを選択し、[OK]をクリックします。

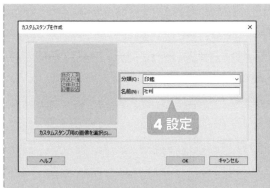

4 [分類]、[名前]を設定し、[OK]をクリックします。これでカスタムスタンプとして登録されました。

5 [スタンプ]をクリックし、カテゴリーを選択すると、登録したスタンプが表示されるので、クリックして押印できるようになります。

 コラム ## 電子印影作成サービスを利用する

Web上で印影を作成できるサービスや、作成ソフトもあります。 識別情報を含まないものであれば、無料のものもたくさんあるので、利用してみてはどうでしょうか。

ここでは、Webサービスの「くいっくはんこ」

を紹介します。 無料で簡単に名前のハンコを作成することができます。

このほか、付録の109ページでもいくつか紹介しているので、参考にしてください。

くいっくはんこ
URL：https://www.enetworks.jp/tools/stamp
文字を入力して[はんこ画像作成]をクリックするだけで印影画像を作成できます。

第4章 脱ハンコの代替措置

2 | 電子契約

① 電子契約のメリット

　契約書については裁判に利用することも想定されるものなので、ハンコを押さないというのもやはり不安があるものです。電子契約の導入は、契約書の脱ハンコを進める場合にはほぼ必須の代替措置といえるでしょう。紙にハンコを押す代わりに、電子データに電子署名を行う方式で契約締結を証明するサービスですが近年導入企業が増加しています。

　電子契約には脱ハンコ以外にも大きなメリットがあります。

　第一に挙げられるメリットはなんといってもコスト削減です。紙の契約書では文書の種類によって印紙を貼付することが必要でしたが、電子契約ではこれが不要になります。そのため、印紙代が丸々コスト削減につながります。また、紙の契約書では書類の作成費用、郵送費用、保管費用などもそれぞれ発生するところ、電子契約ではサービスの利用料さえ支払えばこれらの費用負担もありません。

　そして、迅速な契約締結が可能というのも大きなメリットです。押印権限のある役職者の出勤に合わせて契約手続きのためにスケジュールを調整したりする手間がありません。また、契約書を郵送し返送を待つまでのリードタイムを短縮できます。

　第2章で取り上げた、取り引きを急ぐあまり失敗してしまったY社の事例も電子契約だったらあんなことにはならなかったかもしれません。

コラム　電子契約とは

　従来は、紙で契約書を作成し、印鑑を押印することで契約内容に合意したことの証拠としていました。これに変わり、電子データに電子署名を行うことで締結する契約を「電子契約」といいます。電子署名をすることで、紙の契約書と同様に証拠力を認められるようになります。

② 電子契約サービスの紹介と選択のポイント

　現在、日本では20社以上の会社が電子契約サービスを展開しています。

　皆さんが電子契約サービスを利用する場合、この中から最も自社に合ったサービスを選ぶことになりますので、どのようなサービスが自社に適しているのか、選ぶ際のポイントを解説しましょう。

　まず、電子契約といっても大きく分けて2つの種類が存在します。

　1つ目は、いわゆる立会人型といって、メール認証などの認証方法とシステムログを使用して契約締結を行うサービスです。このタイプのサービスでは、メールアドレスさえあれ契約を締結することができるので非常に簡単というメリットがあります。その反面、メールアドレスを複数人で共有している場合に、契約書に電子サインを実行することのできる人が複数存在するとなると、契約の相手方とメールアドレス使用者の同一性などの問題から、正しい契約の相手方が締結しているのかどうかについては、確実とはいえない点はデメリットといえます。

　2つ目は、いわゆる当事者署名型といって、署名者本人の電子証明書を利用して、本人であることを担保する仕組みを導入したうえで契約を締結することのできるサービスです。

　このタイプのサービスの場合、契約の相手方が担保されるという点でメリットがあります。一方で、電子認証局の審査など、導入には一定のハードルが存在する点、そしてそのハードルを、契約の相手方にもクリアしてもらわなければならない点がデメリットになるでしょう。

コラム　電子契約の当事者型と立会人型

　電子契約には、大きく分けて当事者型と立会人型という2つの種類が存在します。

　当事者型の電子契約とは、契約を行う当事者自身の電子証明書を使って電子署名をする方法です。例えば、A社とB社が電子契約を締結する場合、A社もB社も、自社があらかじめ認証局から発行を受けた電子証明書を使いつつ、それぞれ電子署名をします。

　この当事者型の電子契約（電子署名）は、現在の日本ではあまり普及しておらず。最も身近な電子署名は、確定申告をインターネットで行う「e-Tax」の場面ではないでしょうか。

　あらかじめ認証局で電子証明書のデータが書き込まれているICカード（マイナンバーカード等）を取得しておけば、確定申告の際に、パソコンとICカードリーダーを使って電子証明書付きの電子署名をすることができ、税務署に行かずにインターネットで確定申告をすることができます

（なお、ICカードリーダーが無くてもe-Taxにより
インターネットで確定申告をする方法もあります）。

　立会人型の電子契約とは、「事業者署名型」と
も呼ばれることがありますが、契約を行う当事者
は、契約手続きを媒介するクラウドサービス（イ
ンターネット上のサービス）上で契約に同意する
旨のやり取りをし、その媒介したクラウドサービ
ス事業者の電子証明書を使って、当事者それぞ
れが電子署名をします。

　このとき、電子署名はあくまでも契約の当事者
がそれぞれ行うものですが、電子証明書は立会人
となる媒介したクラウドサービス事業者の電子
証明書があればいいのです。

　例えば、A社とB社が、クラウドサービス事業者
であるC社のサービスを使って電子契約を締結
する場合、A社もB社の電子署名に、C社の電子
証明書が付与されます。

　この際の契約相手の本人確認については、C
社からのメール等を使って本人確認が行われる
のが一般的です。

　そのメールに書かれたURLからしかログインで
きないURLをランダムに生成し、当事者に送信
することで、契約の当事者本人であることを確認
します。

　当事者型の電子契約は、あらかじめ認証局と
呼ばれる政府が認めた第三者機関で電子証明
書を発行する必要がありますが、その際に厳格な
本人確認が行われます。

　そのため、当事者型の電子契約は、なりすまし
等の危険性がほぼないものとして、安全です。

　ですが、あらかじめ電子証明書を発行しておか
なければならないということは、コストと手間がか

かります。場合によっては、電子契約を行ってもら
うために、契約の相手方となる取引先の発行コス
トを負担するということもあるでしょう。

　また、実際に電子契約をするには、両当事者が
同じシステムや電子契約サービス業者を利用す
る必要もありますので、その点でもコストがかか
ります。

　一方で、立会人型は、あらかじめ電子証明書を
取得しておく必要がありません。また、現在では、
多くの立会人型の電子契約サービス事業者が存
在し、使いやすいものとなっています。例えば、A
社とB社の契約で、A社としては電子契約で締結
したいと考えた場合、A社が電子契約サービス事
業者であるC社に利用申し込みをして料金を支
払えば、B社としてはC社から送られてきたメール
にしたがって手続きをするだけで電子契約ができ
てしまいます。

　また、令和2年に出された経済産業省の公式
見解により、立会人型の電子契約であっても、電
子契約サービス事業者による本人確認の方法に
おいて、いわゆる二段階認証や二要素認証（2
ファクタ認証）といった方法で厳格に本人確認
を行っている場合には、立会人型による電子署
名であっても、当事者型による電子署名と比べて、
法律上の効果に差異はないとされています。

　実際の裁判において、当事者型の署名と立会
人型の署名とで、その信用性に差異があるか否
かについては、裁判の実例の蓄積がこれから進
んでいくものと思いますが、大きな差異はないと
いえるでしょう。

　そのため、現在では、立会人型の電子契約が
広く普及しています。

● 代表的な電子契約サービス

●Cloudsign
URL：https://www.cloudsign.jp/
提供元：弁護士ドットコム株式会社
方式：立会人型
電子署名：対応

●みんなの電子署名
URL：https://es.vector.co.jp/
提供元：株式会社ベクター
方式：立会人型
電子署名：対応

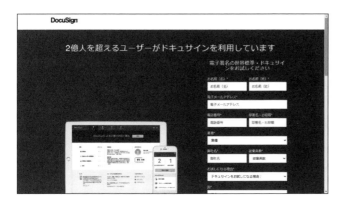

●DocuSign
URL：https://go.docusign.com/trial/jp-
　　　goog-trynow/
提供元：ドキュサイン・ジャパン株式会社
方式：立会人型
電子署名：対応

●電子印鑑GMOサイン
URL：https://www.gmosign.com/
提供元：クラウド株式会社
方式：立会人型、
　　　当事者署名型両方に対応
電子署名：対応

●Adobe Sign
URL：https://www.adobe.com/jp/sign/
　　　business.html
提供元：アドビ株式会社
方式：立会人型、
　　　当事者署名型両方に対応
電子署名：対応

 コラム　電子契約用の契約書ひな形修正

　本文中でも触れましたが、契約書の書式に
「本契約成立の証として、本書2通を作成し、そ
れぞれ記名押印のうえ、各自1通を保有するもの
とする。」

　と押印をすることで契約成立を証するという定
めが入っている場合があります。この記載のまま
で、電子契約をしてしまうとちょっと気持ちが悪
いです。場合よっては形式不備で契約成立を争わ
れてしまうかもしれません。そこで、この文言は次
のように修正しておきましょう。

「本契約の成立を証として、本電子契約書を作
成し、それぞれ電子署名を行う。本契約において
は、電子データである本電子契約書を原本とし、

同データを印刷した文書はその写しとする。」

　また、全面的に電子契約とするのではなく、紙
の契約書と電子契約を併用し、共通のひな型を
利用する場合にはどちらの場合にも対応した次
のような表記が適切です。

「本契約の成立を証するため、本書2通を作成
し、それぞれ記名押印のうえ、各自1通を保有す
るものとする。ただし、本契約を電子契約にて締
結した場合には、本契約の成立を証するため、電
子契約書ファイルを作成し、それぞれ電子署名
を行う。この場合、電子データである電子契約書
ファイルを原本とし、同ファイルを印刷した文書
はその写しとする。」

5章

電子署名を
利用する

1 | 電子署名とは

1 「電子署名」と「電子サイン」

　まず、そもそも電子署名とは何でしょうか?

　いうまでもなく、手で記述した署名・サインではなく、パソコンやインターネットを使ったデジタル技術による署名・サインということになりますが、一般的には「電子署名」と「電子サイン」の2種類に分けることができます。

　「電子署名」は、法律で認められた厳格な署名方法で、紙の契約書の場合に、実印と印鑑証明書を添付して署名するのと同じものといえます。この電子署名については、「電子署名及び認証業務に関する法律」(電子署名法)という法律が定められています。

　この法律の第2条1項において、「電子署名」についての定義が規定されています。

　実際の法律の条文は分かりにくいものですが、簡単にいいますと、ある電子文書について、①作成者が分かるもので、②文書の内容が改変されているかいないかが読み取れるようになっているデジタルデータ、ということになります。

　一方で、「電子サイン」については、法律に基づかないものです。紙の契約書の場合に、認印で署名するのと同じといえます。また、企業間の契約書では、会社の代表者印を押すことが一般的ですが、いちいち法人の印鑑証明書を添付しませんよね。この場合も、この「電子サイン」と同じ状況といえます。

　「電子サイン」は電子署名法に基づかないものの、契約を締結する署名としては当然有効なもので、電子サインで締結された契約書も当然有効な契約となります。

　実際の電子署名・電子サインについては、デジタルデータの暗号化などの複雑な技術が用いられており、その技術そのものを理解することは難しいため、電子契約サービスを提供している各企業のサービスを利用することが一般的です。そのため、契約の内容や種類によってはサー

ビスの対象外となる企業もありますので、各企業のサービス内容に合わせて使い分けることとなり、いいかえれば、単なる署名というものであっても、各企業のサービスも、料金以外の点でも様々な違いが生まれています。

「電子署名」については、厳格な方式が求められるので、各電子署名サービス業者の所定の方法に従って利用することとなりますが、「電子サイン」については、もっと利用しやすいように、各企業のサービスも簡単に使いやすいものとなっています。

電子サインで一般的に広く使われているのは、Adobe Sign（アドビ サイン）です。

アメリカの企業であるAdobe（アドビ）社が提供している有料サービスですが、使い方は簡単です。実際にAdobe Signを使って電子署名を行うやり方を見ていきましょう。

コラム　電子署名で代用、登記のオンライン申請

　押印が義務付けられている書類であっても電子署名で代用することが可能な場合があります。登記関係の書類は法務省が指定する電子証明書による電子署名であれば、登記申請に用いることができます。

　電子証明書の取得には時間がかかりますが、一方で印鑑証明書等が不要な登記申請の際の添付書類や、取締役会等議事録には、一部を除き、「クラウドサイン」や、「電子印鑑GMOサイン」等、メールのやり取りのみによる簡単な電子サインによる方法も可能となっています。

　以前とは異なり、オンライン申請もより簡単な手続きへと移行していますので、活用をお勧めします。

2 | 電子署名を依頼する

1 電子署名を依頼する流れを確認する

まずは、Adobe signで電子署名を依頼する流れを確認します。

Adobe signにログインする

↓

電子署名を開始する

↓

文書をアップロードする

↓

電子署名する

↓

相手に送信する

2 電子署名を依頼する

電子署名用の書類をPDFで作成し、電子署名の設定をして送信します。

Adobe signにログインする

1 Adobe signのサイト（https://acrobat.adobe.com/jp/ja/sign.html）にアクセスし、[ログイン] をクリックします。

Adobe signを使用するにはAdobe IDが必要

Adobe signを利用するにはAdobe IDが必要となります。取得していない場合は、新規にAdobe ID を取得しておきましょう。

1 アドビアカウント（https://account.ado be.com/）にアクセスし、[アカウントを作成]をクリックします。

2 [電子メールアドレス]の他、必要な情報を入力し、[アカウントを作成]をクリックします。

3 アカウントが登録されました。

2 ［アカウントにサインイン］の［電子メール］に登録しているメールアドレスを入力します。

3 ［パスワード］欄をクリックします。

4 パスワードを入力します。

5 ［続行］をクリックします。

6 「Acrobatへようこそ」画面が表示されました。

署名を始める

1 ［署名］にマウスポインターを合わせます。

2 ［署名を依頼］をクリックします。

3 自分のメールアドレスを入力します。

MEMO

「署名者」には、文書を署名してもらう順番でメールアドレスを追加します。

4 Enter キーを押すと決定され、下に表示されます。

5 同様に相手のメールアドレスを入力し、Enter キーを押します。

6 メールアドレスが2つ設定されました。

7 [件名とメッセージ] を入力します。

8 [ファイルを選択] をクリックします。

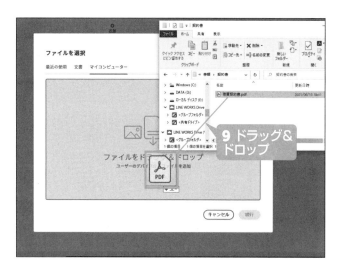

9 電子署名をするファイルをドラッグ＆ドロップします。

10 ファイルがアップロードされました。

署名場所を指定する

1 ［署名場所を指定］をクリックします。

2 右側に表示されている自分のメールアドレスをクリックします。

3 押印したい箇所でクリックします。

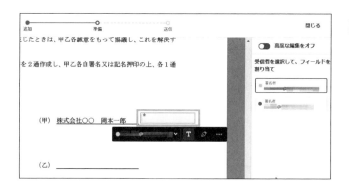

4 署名場所が追加されます。

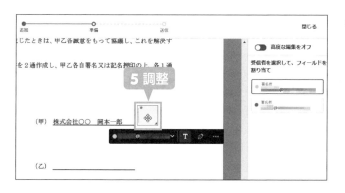

5 マウスで位置や大きさを調整します。

6 ［署名フィールドに設定］をクリックします。

7 右側に表示されている相手のメールアドレスをクリックします。

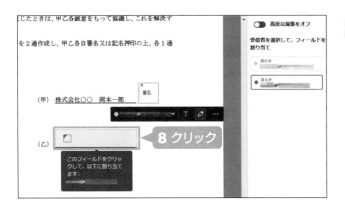

8 相手が名前を入力する箇所にマウスポインターを合わせてクリックします。

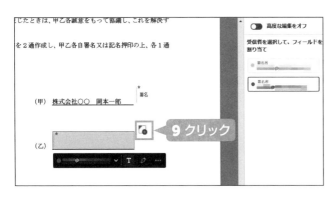

9 相手が押印する箇所でクリックします。

10 マウスで位置や大きさを調整します。

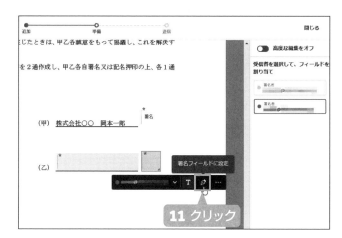

11 ［署名フィールドに設定］をクリックします。

署名する

1 ［署名して送信］をクリックします。

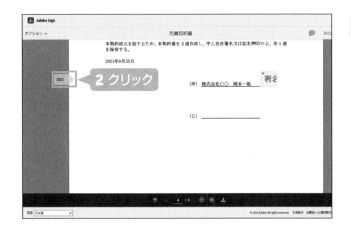

2 [開始] をクリックします。

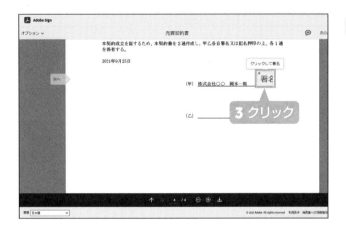

3 署名する場所をクリックします。

4 氏名を入力します。

5 [画像] をクリックします。

6 [画像を選択] をクリックします。

7 押印する印影を選択します。

8 ［開く］をクリックします。

9 ［適用］をクリックします。

10 ［クリックして署名］をクリックします。

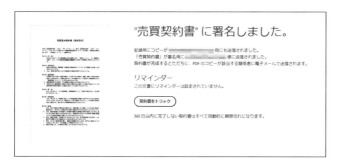

11 相手にメールが送られます。

3 電子署名を実行する

1 送られてきた書類に電子署名をする

先方からの電子署名の依頼に対応する流れを確認します。

```
        メールの確認
           ↓
リンクをクリックして電子署名のページを表示
           ↓
        電子署名を実行
           ↓
        相手に送信する
```

2 電子署名を実行する

相手から送られてきた書類に電子署名し、戻します。

署名をする

1 相手から送られたメールを開き、［確認して署名］をクリックします。

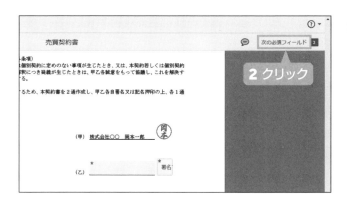

2 ブラウザーでPDFが開くので、[次の必須フィールド] をクリックします。

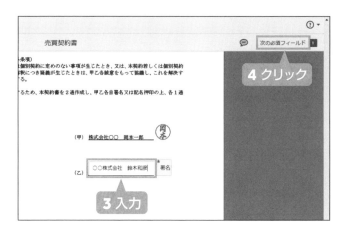

3 名前を入力します。

4 [次の必須フィールド] をクリックします。

5 署名欄をクリックします。

6 [画像] をクリックします。

7 [画像を選択] をクリックします。

8 押印する印影を選択します。

9 ［開く］をクリックします。

10 氏名を入力します。

11 ［適用］をクリックします。

12 ［クリックして署名］をクリックします。

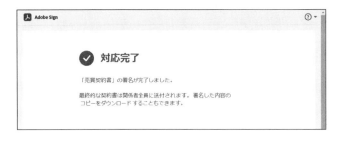

13 相手にメールが送信されます。

4 電子署名を確認する

電子署名を依頼した書類が戻ってきたら確認しましょう。必要に応じて文書をダウンロードしておきます。

1 書類を確認する

Adobe signで、電子署名が完了した書類を確認します。

電子署名を確認する

1 Adobe signを開き、[文書] をクリックします。

2 [完了] をクリックします。

3 電子署名が完了した書類の一覧が表示されるので、目的の書類をクリックします。

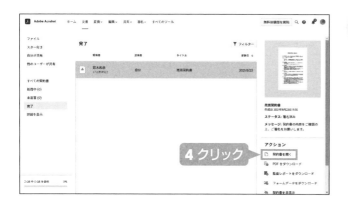

4 ［契約書を開く］をクリックします。

5 契約書が開くので、きちんと署名がされているかどうか確認します。

6 ［アクティビティ］をクリックします。

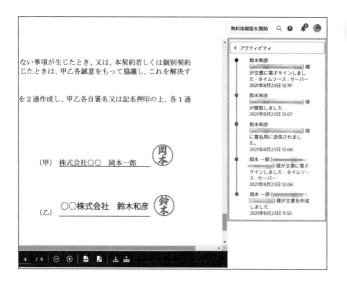

7 書類を作成してから、相手側が電子署名するまでの流れが表示されます。

② 書類をダウンロードする

文書を保管用にダウンロードしておきます。

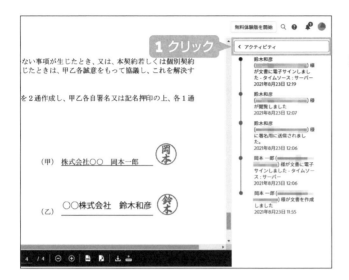

書類のダウンロード

1 ［アクティビティ］をクリックして、アクティビティを閉じます。

2 ［PDFをダウンロード］をクリックします。これでPDFデータがブラウザーで設定されているダウンロード先に保存されます。

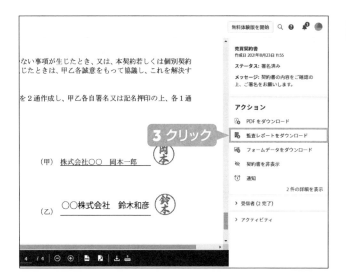

3 ［監査レポートをダウンロード］をクリックします。これでアクティビティの履歴がブラウザーで設定されているダウンロード先にPDF形式で保存されます。

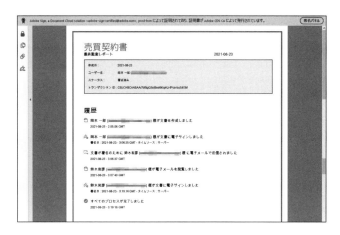

4 監査レポートを開いて確認しておきましょう。

6章

文書を
デジタル化
するには

1 | 文書管理を デジタルに変えるかどうか

　脱ハンコに伴い同時にペーパーレスを進める場合も多いと思います。

　従来の紙での文書管理を脱ハンコ後も継続するのか、それともデジタル管理に移行するのかも検討しましょう。

　もちろん、データで管理したほうが場所も取らず検索もできて便利ではありますが、税務関係の書類に関してはデジタル管理とする場合の様式が定められており注意が必要となります。

　まず前提として、法人税や所得税の申告に関係する帳簿書類は、紙による最長10年間の保存が原則になっており、例外的に「電子帳簿保存法」[※1]に従うことで初めてデジタル保存も認められています。

　では、何が義務付けられており、どのようにすればよいのか具体的に説明します。

　なお、電子帳簿保存が認められる要件については、令和3年改正でかなり緩和されています。この改正法が令和4年1月1日より施行されますので、本書ではまずは令和3年12月まで適用される現行法の要件を説明したうえで、令和4年以降どのように緩和されるのかを説明します。

コラム　電子帳簿保存法とe-文書法

　さて、本文では、どのようにすれば、国税に関する帳簿書類を電子データとして保存できるのかを定めた「電子帳簿保存法」について説明してきました。

　この電子帳簿保存法よりも早く2005年4月1日に施行された電子データによる文書保存に関する法律としてe-文書法もあります。

　e-文書法は、「民間事業者等が行う書面の保存等における情報通信の技術の利用に関する法律」と「民間事業者等が行う書面の保存等における情報通信の技術の利用に関する法律の施行に伴う関係法律の整備等に関する法律」の2本

の法律の総称です。

　法律上、様々な文書の作成と保存が民間事業者等に対して義務付けられていますが、書面（紙）による保存等に代わり、電磁的記録による保存も許容する法律です。対象文書が国税関係帳簿書類に限らず、広く民間事業者が取り扱う書面について、電子データによる保存や作成が広く認められるようになりました。

　e-文書法の内容は簡単にいうと、他の法令が書面により行わなければならないと定めている事項に関して、書面（紙）に代えて電子データでも良いと読み替えつつ、そのまま読み替えてしまうと、

※1：電子計算機を使用して作成する国税関係帳簿書類の保存方法等の特例に関する法律

不都合が生じる場合には適用を排除したり調整したりしする内容です。適用対象は電子帳簿保存法のように国税関係の書類だけではなく、民間事業者に作成義務が課せられている文書全般に及びます。なお、適用が排除されているものの具体例としては政治資金規正法で作成義務のある会計帳簿や明細書、領収書、振込明細書などです。

また、電子帳簿保存法についても調整がされた法律の一つです。

電子帳簿保存法は、e-文書法の施行時にはすでに存在していた法律ですので、そのまま行けば国税関係の書類も電子保存でOKと読み替えられるはずだったのですが、無限定に電子保存を認めるのは不適切とのことで、本書で説明したように「スキャン保存の際には、税務署長の承認が必要」といった要件が追加されています（すでに説明したとおり、電子帳簿保存法の改正で、税務署長の承認も不要になります）。

① パソコンを使用して作成する書類をそのままデータで保存する場合

◉ 令和3年まで

パソコンで作成した書類をデータのまま保存する場合、法律が定める要件を満たすシステムを導入したうえで税務署長の事前承認を受ける必要があります。

なお、データをそのまま保存するという性質上、最初の記録段階から一貫してコンピューターを使用する方法で作成しなければなりません。具体的には次のような書類が該当します。

仕訳帳、総勘定元帳、経費帳、売上帳、仕入帳
損益計算書、貸借対照表
取引相手に交付する書類の写し（見積書、請求書、納品書、領収書など）

これらの書類は、作成の過程で一部を手書きするなどした場合には、電子データのまま保存することは認められていません。

そして、税務署長の許可を受けるためには、真実性の確保と可視性の確保という観点から定められた要件を満たす必要があります。整理すると次のようになります。

真実性の確保	訂正・削除履歴（※）	① 記録事項の訂正、削除、追加等を行った場合の事実内容の確認ができること ② 訂正削除履歴が残るシステム 又は訂正削除できないシステムを使用していること ③ 通常の業務処理期間を経過した後の入力経歴を確認できること
	相互関連性（※）	他の国税関係帳簿・国税関係書類との間で、相互に関連する項目を持ち、互いにその関連性を確認できること
	関係書類等の備付け	適切な社内ルールに基づいて入力・保存ができていること。操作説明書、業務フロー等が備え付けられていること
可視性の確保	見読可能性	保存データが、ディスプレイ及びプリンター等に整然とした形式及び明瞭な状態で出力可能であること
	検索機能	① 保存データについて、取引年月日、勘定科目、取引金額など主要な記録科目を指定して、速やかに検索できること（ただし、国税関係書類においては、取引年月日その他の日付で検索できれば問題ありません） ② 日付又は金額の範囲指定により検索できること（国税関係書類においては、日付の範囲指定で検索ができれば問題ありません） ③ 2つ以上の任意の記録項目を組み合わせた条件により検索できること（国税関係書類では不要です）

　なお、電子帳簿保存法でデータ保存が認められている書類は「国税関係帳簿」と「国税関係書類」に分類されています。表で※印が付いている要件は国税関係帳簿にのみ適用される要件となっており、国税関係書類には不要です。検索機能の要件も、国税関係書類では一部緩和されています。

　見積書、請求書、納品書、領収書など取引相手に交付する書類の写しは国税関係書類に分類されますのでこれら※印の要件や検索機能における詳細な条件までは求められておらず、特に意識せずとも要件を満たしている場合が多いと思います。

　国税関係帳簿までデータ保存をする場合には、対応する会計システムを採用し、関係書類の備え付けを行うことになります。

● 令和4年1月1日以降

　事前の税務署長による承認が不要になり利用しやすくなります。

　また、正規の簿記の原則に従い作成される国税関係帳簿に限り、従前の真実性の確保の要件である「訂正削除履歴の要件」及び「相互関連性の要件」及び可視性の確保の要件である「検索機能」の要件が不要となり、①「関係書類等の備え付け」及び②「見読可能性」の要件に加え、③税務署長による質問検査権に基づく電磁的記録のダウンロードの求めに応じることができるようにしていれば、電子帳簿をデータ保存することが可能となります。

　他方、請求書など国税関係書類については、データ保存に必要な要件は従前から変更はあ

りません。

　また、一部の国税関係帳簿（所得税法・法人税法に基づき青色申告者（青色申告法人）が保存しなければならないこととされる総勘定元帳、仕訳帳その他必要な帳簿（売掛帳や固定資産台帳等）、および消費税法に基づき事業者が保存しなければならないこととされている帳簿をいいます）については、令和3年度までの従前の要件を充足し、かつ税務署長に届け出をした場合、「優良」な電子帳簿の要件を満たしているとして、その国税関係帳簿に係る申告に申告漏れがあった場合、申告漏れに課される過少申告加算税が5%軽減される措置も整備されています。

② 紙の書類のスキャナー保存を行う場合

◉ 令和3年まで

　紙の書類をスキャンしそのデータを保存する方法も認められています。

　スキャナー保存の対象となるのは、国税関係書類です。

　スキャナー保存は当初、スキャナーの仕様についても決まりがあったのですが、現在は廃止されており、スマートフォンでの撮影や、デジタルカメラによる撮影によるデータ保存でも問題ありません。ただし、事前に税務署長による承認を受ける必要があり、スキャナー保存が認められる書類も一定の範囲に限定されています。

　具体的には、書類の重要度に応じ、以下の書類がスキャン保存できる書類として認められています。

● スキャン保存できる書類

重要度	書類の性格	具体例
高	資金や物の流れに直結、連動する書類のうち、特に重要な書類	契約書、領収書
中	資金や物の流れに直結・連動する書類	預かり証、借用証書、預金通帳、小切手、約束手形、有価証券受渡計算書、社債申込書、契約の申込書（定型的約款無し）、請求書、納品書、送り状、輸出証明書
低	資金や物の流れに直結・連動しない書類	検収書、入庫報告書、貸物受領証、見積書、注文書、契約の申込書（定型的約款有り）

　そして、スキャン方法、データの管理方法については次の6つの要件が定められていますので次の要件を満たす必要があります。

真実性の確保	以下の全ての要件を充足することが必要です。 ・記録事項の入力を受領後や、業務の処理にかかる通常の期間を経過したあと、速やかに行うこと ・書類の受領後、速やかにスキャニングしタイムスタンプを付与（書類の作成者や受領者が読み取る場合は、作成者又は受領者による署名が必要です） ・スキャナ機器の性能維持（一定水準以上の解像度（200dpi以上）、カラー画像による読み取り（256階調以上）） ・データの訂正削除履歴の確保 ・解像度及び階調に関する情報を保存すること
見読可能性の確保	一定以上の性能を有するディスプレイ・プリンターの確保（14インチ以上のカラーディスプレイ、4ポイント文字の認識等）
関係書類の備付け	・関係書類の備付け（スキャニング作業の手順書等）
適正事務処理の確保	・適正事務処理要件（相互牽制、定期検査、改善体制）の整備運用
相互関連性の確保	スキャンデータと関連する帳簿との間の相互関連性の確保（伝票番号等により相互に関連性を確認）
検索機能の確保	① 保存データについて、取引年月日、その他の日付、取引金額を指定して、速やかに検索できること ② 日付又は金額の範囲指定により検索できること ③ 2つ以上の任意の記録項目を組み合わせた条件により検索できること

◉ 令和4年1月1日以降

　事前の税務署長による承認が不要になり利用しやすくなります。

　また、真実性の確保の要件のうち、タイムスタンプによる付与期間が、最長約2か月と概ね7営業日以内に緩和されます。

　加えて、同様に、真実性の確保の要件のうち、受領者等がスキャナで読み取る際の国税関係書類への自署が不要とされたほか、電磁的記録について訂正又は削除を行った場合に、これらの事実及び内容を確認することができるクラウド等のシステム（訂正、削除できないクラウド等のシステムも含まれます）によって、入力期間内にその電磁的記録の保存を行ったことを確認することができるときは、タイムスタンプの付与の要件は不要となります。

　さらに、検索機能の確保の要件のうち、検索要件の記録項目について、取引年月日その他の日付、取引金額及び取引先に限定されるとともに、税務職員による質問検査権に基づく電磁的記録のダウンロードの求めに応じる場合には、範囲指定及び項目を組み合わせて条件を設定できる機能の確保（令和3年までの従前の要件の「検索機能の確保の要件」の②及び③に相当する要件）が不要となりました。

　そして、適正事務処理の確保の要件も廃止されます。

3 電子取引による保存

◉ 令和3年12月まで

○要件は?

　これまで紹介した二つのデータ保存の方法は、税務署長による事前の承認が必要でした。ちょっと心理的にハードルがあるかもしれません。しかし、法律が定める要件を満たしさえすれば、事前の税務署長の承認が不要で法律上のデータ保存として認められる方法もあります。「電子取引」を利用した場合の書類がこれに当たります。

　いきなり「電子取引」という単語が出てきましたが、これは取引情報のやり取りを電磁的方式により行う取引と定義されています。

　まず、電磁的方式とは要するにメールやチャットなどインターネットを利用したやり取りのことを言っています。

　取引情報とは、取引に関して受け取ったり発行したりする、注文書、契約書、送り状、領収書、見積書もしくはこれに準じるような書類のことです。

　よって、ビジネスで頻繁に発行する請求書や発注書、見積書等は、インターネットを通じたやり取りにして、一定の要件を満たすようにすれば、税務署長の事前の承認を得ることなく、電子データとして保存することも可能になります。請求書や見積書を脱ハンコにするならば、せっかくなら書類の保存もデジタル化していきましょう。

　では、問題の要件を見てみましょう。

● 電子取引の取引情報データ保存の要件

真実性の確保	以下のいずれかの措置をとること。 ① 取引情報をやり取りする前にタイムスタンプを付与すること ② 取引情報のやり取り後、すぐにタイムスタンプを付与すること ③ 電子データの訂正、削除、追加等の事実の確認ができるシステム又は訂正削除ができないシステムを採用すること ④ 訂正削除の防止に関する事務処理規程を作成し備え付けること
関係書類の備え付け	適切な社内ルールに基づいて入力・保存を行うこと システムの操作説明書、業務フロー等の備え付け
見読可能性の確保	保存データが、ディスプレイ及びプリンター等に整然とした形式及び明瞭な状態で出力することができること
検索機能の確保	保存データについて、日付、科目、金額などを指定して、速やかに検索することができること

　ここから各要件を詳しく説明していきます。

○真実性の確保

まずは「真実性の確保」に関する要件ですが、表の①〜④のいずれか1つさえ満たせばよいということです。

①②は、「タイムスタンプ」の付与ですが、ここでいう「タイムスタンプ」は、一般財団法人日本データ通信協会が定める基準を満たすものとして認定された時刻認証業務によって付与され、その有効性が証明されているものであること、とされています。

そして、本書執筆時点において、一般財団法人日本データ通信協会が定める基準を満たすものとして次の5社の時刻認証業務認定事業者が認定されています[※2]。

■ アマノ株式会社

■ セイコーソリューションズ株式会社

■ 株式会社TKC

■ 株式会社サイバーリンクス

■ 三菱電機インフォメーションネットワーク株式会社

③電子データの訂正、削除、追加等の事実の確認ができるシステムまたは訂正削除ができないシステムを採用するというタイムスタンプを用いない方法もあります。

ただ、この方法は少しハードルが高くなります。例えば、「Microsoft Office」の変更履歴を残すだけでは認められません。

国税庁が公開している電子帳簿保存法の一問一答では、「具体的にどのようなシステムであれば、訂正又は削除の履歴の確保の要件を満たしているといえるのでしょうか。」との質問に対し、「1　電磁的記録の訂正・削除について、物理的にできない仕様とされているシステム」、「2　電磁的記録の訂正又は削除を行った場合には、訂正・削除前の電磁的記録の訂正・削除の内容について、記録・保存を行うとともに、事後に検索・閲覧・出力ができるシステム」と説明されています。

「Microsoft Office」で変更履歴を残しても変更履歴自体を削除することも履歴の記録を解除することも可能ですので、訂正や削除を「物理的」にできない仕様とされているシステムには該当しません。

これを満たす具体的なサービスとしてはアドビ株式会社が提供する「Adobe sign」があります。この方式のデータ保存を行う場合には、このような対応済みの専用サービスを活用してゆくことになるでしょう。

※2：出展：一般社団法人日本データ通信協会　認定タイムスタンプを利用する事業者に関する登録制度
https://www.dekyo.or.jp/touroku/

　低コストで導入が容易な方法として④電子データの記録事項について正当な理由がない訂正及び削除の防止に関する事務処理の規程を定め、当該規程に沿った運用を行い、当該電磁的記録の保存に併せて当該規程の備付けを行うという方法があります。①〜③のような専用のシステムを利用する必要がないので、もっとも採用しやすい方法ではないでしょうか。

　具体的には、社内規程として、電子データを訂正、削除できない仕組みに関する規定、及び訂正、削除する場合には、管理責任者の承認や、その指示に従うことなどを定めた規定を作り、それに従った運用をしていくことがあげられます。

　パソコンで作成した請求書をそのままデータでメール添付する場合、あなたの会社で管理規定を定めしっかり運用していれば、「真実性の確保」の要件は満たされます。

○関係書類の備付け

　関係書類とは要するにシステム操作方法に関する書類ですが、紙で備え付ける必要まではなく、オンラインマニュアル等でも要件を満たすとされています。

　したがって、こちらは特に気にせずとも通常は問題ないかと思います。

○見読可能性の確保

　この要件もあまり問題にはならないでしょう。サーバーに保存したデータを適宜ディスプレイ上に表示できるようにし、パソコンの操作説明書を備え付けておけば大丈夫です。

○検索機能の確保

　こちらは複数条件での検索ができる、期間を指定しての検索ができること必要ですが、通常の記録媒体であれば備えている機能です。

◉ 令和4年1月1日以降

　真実性確保の①②のタイムスタンプ要件についてスキャナー保存と同じく付与期間の緩和がなされます。

　また、検索項目についてもスキャナー保存と同じく緩和され、さらに売上高が1,000万円以下の「小規模な事業者」について、税務職員による 質問検査権に基づく電磁的記録のダウンロードの求めに応じることができるようにしている場合には、検索要件の全てが不要とされます。

2 | 社内規程の見直し

　社内ルールを変更することになる場合は、それに関する社内規程の見直しと周知徹底が必要です。また、電子取引情報のデータ保存を導入するためなど新たな規程の制定が必要になる場合もあります。

　社内規程については制定当時と実際の運用にずれが生じていることも往々にしてあります。脱ハンコを一つのきっかけとして全体的に社内規程の見直しを進めてみるのもよいのではないでしょうか。

　脱ハンコに伴って見直しが必要になりやすい規程としては次のようなものが考えられます。

■ 印章管理規程
■ 押印規程
■ 稟議規程

　これらの書類は押印を必要とする手続きや、押印をもって承認されたとする規程などが定められていることが多く脱ハンコにおける規程見直しの基本になります。

　また、従業員から会社に対する申請や請求関係の書類についても、押印が要件とされていることがありますのでチェックしましょう。具体的には次のようなものになります。

■ 出張旅費規程
■ 有給休暇取得規程

　そして、文書のデータ保存の関係で以下の規程も確認しておくことが必要です。

■ 文書管理規程

　さらに、新たに策定する必要が生じる可能性のあるものとして、以下も検討してください。

■ 電子取引情報のデータ保存の訂正修正に関する規程
■ 電子契約に関する規程

　なお、個人事業主や従業員数名の小さな会社であればわざわざ規程として定めるまでは不要なケースもあると思います。ただ、その場合でも実際どのような運用を行うのかを整理することは必要になります。

3 | 見積書・請求書の送り方

1 見積書・請求書を取引先にメールで送ってもいいの？

　脱ハンコを進めるために、見積書や請求書を取引先に送るときに、いちいちプリントアウトして郵送するのではなく、PDFデータにしてメールで送りたい、これは問題ないのでしょうか？

　結論からいうと問題ありません。

　見積書・請求書を取引先に送る方法としては、およそ、以下の方法が考えられます。
① Excel等で請求書を作成し、印刷する。印刷した請求書にハンコを押して、紙の請求書そのものを郵送する。
② Excel等で請求書を作成し、印刷する。印刷した請求書にハンコを押して、その紙の請求書をスキャンしてPDFデータ等にしてメールで送付する。
③ Excel等で請求書を作成し、そのエクセルデータの中に印影の画像データを入れ込んだ状態でPDFデータとして請求書データを保存する。そのPDFデータをメールで取引先に送る。

　第2章で述べたとおり、　そもそも請求書にはハンコは必要ではありませんので、請求書にハンコを押す代わりに、ハンコを押した雰囲気を作るために印影の画像データを挿入して作成し、そのデータをメールで送付する方法でも何ら問題ありません。
　弁護士が依頼者に報酬を請求する際の請求書も、この方法がよく利用されています。

　また、本章で述べられている文書管理のデジタル化を取り入れた場合、見積書・請求書をメールで送ることが問題ないことは変わりありません。

❷ 取引先の同意は必要？

　法律上義務づけられているとか、基本契約で契約上押印が義務となっている場合などを除き、基本的には押印を廃止するのに取引先の了承をとる必要はありません。いきなりハンコをつかない請求書を発行することも可能ではあります。

　しかし、そうはいっても実際は取引先から押印した書面でなければ正式なものとして受領しないと拒絶されたり、押印が漏れていると勘違いされて押印を求められたりすることもあります。取引先の理解を得ながら進めてゆくことが重要になるでしょう。

　取引先に次のような案内を出すことも一つの方法です。

【押印省略に関する案内文サンプル】

＜請求書送付方法の変更についてのご連絡＞
〇株式会社　ご担当者様

平素よりお世話になっております。

現在、弊社では、各種書類のペーパーレス化及びテレワーク推進の一環として、請求書のオンライン発行を進めております。

つきましては、今後、請求書は、郵送ではなくPDF形式にてメール添付による方法で送付させていただきます。

何卒ご理解くださいますようよろしくお願いいたします。

株式会社●●

7章

テンプレート・サンプル規程集

1 | Excelの請求書、見積書テンプレート

Excelで作成した請求書と見積書のテンプレートを用意しました。ダウンロードしてご利用ください（次ページ参照）。

テンプレートは以下のサイトにアップしています。

◉ ダウンロードサイト

URL:https://jam-house/datsu_hanko/index.htm

1 請求書

●請求書1

●請求書2

●請求書3

●請求書4

●請求書5

② 見積書

●見積書1

●見積書2

●見積書3

●見積書4

●見積書5

③ テンプレートのダウンロード方法

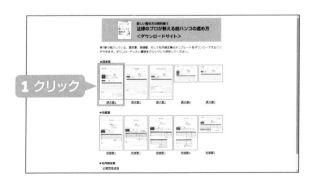

1 ダウンロードサイトにアクセスし、ダウンロードしたいテンプレートをクリックします。

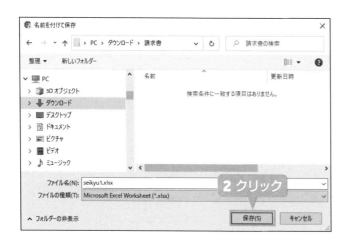

2 保存する場所を選択し、[保存] をクリックします。

※ファイル名は変更することもできます。

---

④ 電子印鑑を挿入しPDFデータにする

テンプレートを利用して請求書や見積書を作成し、PDFファイルとして保存します。

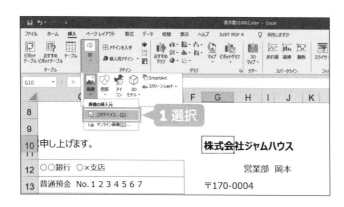

1 テンプレートを元に書類を作成したら、[挿入] タブの [図]－[画像]－[このデバイス] を選択します。

2 挿入したい電子印鑑の画像を選択して [挿入] をクリックします。

3 ドラッグして位置や大きさを修正します。

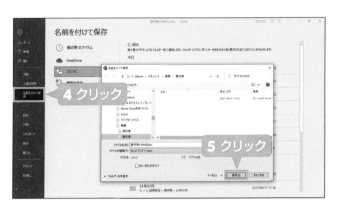

4 [ファイル] タブをクリックし、[名前を付けて保存] をクリックします。

5 [ファイル名] を入力し、[保存] をクリックして保存します。

MEMO

あとで修正する可能性もあるので、いったんExcel形式で保存しておきます。

6 PDF形式で保存します。再度 [名前を付けて保存] を実行し、[ファイルの種類] でPDF（*.pdf）を選択して保存します。

2 | 社内規程集

　社内規程集のサンプルです。「印章管理規程」は、ダウンロードサイトにテキストデータを用意しているので、ファイル名をクリックして内容が表示されたら、右クリックして［名前を付けて保存］を選択して保存し、必要に応じて修正してご利用ください。

◉ 印章管理規程（電子対応版）　※insyou-kanri.txt

印章管理規程

（目的）
第1条　本規程は、●（会社名）における印章及びその管理並びに電子文書への電子署名に関し、必要な事項を定める。

（定義）
第2条　この規程において、次の各号に掲げる用語の意義は、それぞれ各号に定めるところによる。
1　印章　役員又は従業員が職務上作成する文書に使用する印章
2　電子文書　電子的に作成される役員又は従業員が職務上作成する文書
3　電子署名　電子署名及び認証業務に関する法律（平成12年法律第102号）第2条第1項の電子署名

（印影）
第3条
　第2条第1項に定める印章の印影は、次のとおりとする。
印影①
印影②
印影③

（印鑑管理責任者及び印鑑取扱者）
第4条
1　第3条に規定する印章を管理する者及び印章を取り扱う者は次に掲げる者とする。
　①　印章管理責任者　●
　　　印章取扱責任者　●
　②　印章管理責任者　●
　　　印章取扱責任者　●
　③　印章管理責任者　●
　　　印章取扱責任者　●
2　印章管理責任者は、印章が不正に使用されることがないよう、印章の管理を徹底しなければならない。

（電子署名の責任者）
第5条
　電子署名を行うことができる者及び電子署名を行うことのできる対象文書はそれぞれ以下の通りである。
　②　　　　　　　例　総務部長●　　対象文書　取引金額総額●万円以下の取引
　②　　*******
（作成等）
第6条
　印章の作成、変更、及び、廃止の必要を生じた場合は、●の承認を要するものとする。

（押印と電子署名）
第7条
　役員又は従業員は●（会社名）で定められた申請、承認及び回覧の各手続きを経て行わなければならない。

（禁止事項）
第8条
役員又は従業員は次の行為をしてはならない。
1　決裁権者の許可なく押印又は電子署名すること
2　管理責任者の許可なく印章を持ち出すこと
3　その他本規程に反する行為

（事故）
第9条
　保管する印章が盗難、粉失その他の事故があったとき、第7条に定める各禁止事項に抵触又は抵触の可能性がある行為が発覚した場合は直ちにその経緯及び事実を印章管理責任者及び印章取扱責任者に報告するとともに、各責任者の指示を受けて直ちに必要な措置を講じなければならない。

附則
この規程は、令和●年●月●日から施行する。

◉ 電子取引データの訂正及び削除の防止に関する事務処理規程

　こちらは、国税庁作成の「電子帳簿一問一答（電子取引関係）令和2年6月」に掲載のサンプル規程が使いやすくて便利なので、国税庁のサイトでご確認ください。

電子取引データの訂正及び削除の防止に関する事務処理規程

第1章 総則

（目的）
第1条 この規程は、電子計算機を使用して作成する国税関係帳簿書類の保存方法の特例に関する法律第10条に定められた電子取引の取引情報に係る電磁的記録の保存義務を履行するため、○○において行った電子取引の取引情報に係る電磁的記録を適正に保存するために必要な事項を定め、これに基づき保存することを目的とする。

（適用範囲）
第2条 この規程は、○○の全ての役員及び従業員（契約社員、パートタイマー及び派遣社員を含む。以下同じ。）に対して適用する。

（管理責任者）
第3条 この規程の管理責任者は、●●とする。

第2章 電子取引データの取扱い

（電子取引の範囲）
第4条 当社における電子取引の範囲は以下に掲げる取引とする。
一 EDI取引
二 電子メールを利用した請求書等の授受
三 ■■（クラウドサービス）を利用した請求書等の授受
四 ・・・・・・記載に当たってはその範囲を具体的に記載してください

（取引データの保存）
第5条 取引先から受領した取引関係情報及び取引相手に提供した取引関係情報のうち、第6条に定めるデータについては、保存サーバ内に△△年間保存する。

（対象となるデータ）
第6条 保存する取引関係情報は以下のとおりとする。
一 見積依頼情報
二 見積回答情報
三 確定注文情報
四 注文請け情報
五 納品情報
六 支払情報
七 ▲▲

（運用体制）
第7条 保存する取引関係情報の管理責任者及び処理責任者は以下のとおりとする。
一 管理責任者 ○○部△△課 課長 ××××
二 処理責任者 ○○部△△課 係長 ××××

（訂正削除の原則禁止）
第8条 保存する取引関係情報の内容について、訂正及び削除をすることは原則禁止とする。

（訂正削除を行う場合）
第9条 業務処理上やむを得ない理由によって保存する取引関係情報を訂正または削除する場合は、処理責任者は「取引情報訂正・削除申請書」に以下の内容を記載の上、管理責任者へ提出すること。
一 申請日
二 取引伝票番号
三 取引件名
四 取引先名
五 訂正・削除日付
六 訂正・削除内容
七 訂正・削除理由
八 処理担当者名
2 管理責任者は、「取引情報訂正・削除申請書」の提出を受けた場合は、正当な理由があると認める場合のみ承認する。
3 管理責任者は、前項において承認した場合は、処理責任者に対して取引関係情報の訂正及び削除を指示する。
4 処理責任者は、取引関係情報の訂正及び削除を行った場合は、当該取引関係情報に訂正・削除履歴がある旨の情報を付すとともに「取引情報訂正・削除完了報告書」を作成し、当該報告書を管理責任者に提出する。
5 「取引情報訂正・削除申請書」及び「取引情報訂正・削除完了報告書」は、事後に訂正・削除履歴の確認作業が行えるよう整然とした形で、訂正・削除の対象となった取引データの保存期間が満了するまで保存する。

附則

（施行）
第10条 この規程は、令和○年○月○日から施行する。

（引用：https://www.nta.go.jp/law/joho-zeikaishaku/sonota/jirei/pdf/0020006-168_03.pdf）

本書には、Excelで作成した請求書のテンプレートを用意していますが、自分で作成してもかまいません。オリジナルの請求書を作成しながら、Excelの基本的な操作を確認しておきましょう。

1 文字を入力する

まずは、タイトル、宛先といった文字を入力し、文字の大きさ、飾りなどを設定します。

◉ 文字を入力する

Excelを起動したら、文字を入力していきます。

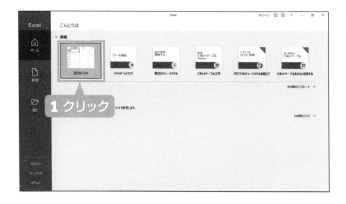

1 Excelを起動し、[空白のブック]を
クリックします。

2 文字を入力したい位置のセルを
クリックし、タイトルの「請求書」、
「様」、件名などを入力します。

> **MEMO**
>
> 格子状のマス、1つ1つが「セル」です。横方向の列番号（A、B、C、D……）と縦方向の行番号（1、2、3、4……）を使って、A1のセル、B3のセルというように表示します。

3 「請求書」の文字サイズを変更します。サイズを変更したいセル(A1)をクリックし、[ホーム]タブの[フォントサイズ]の▼をクリックして、サイズを選択します。ここでは[26]ポイントにしました。

MEMO

[フォントサイズ]の左側にある[フォント]の▼をクリックすると、フォントを変更することができます。

4 [ホーム]タブの[太字]をクリックして太字にします。

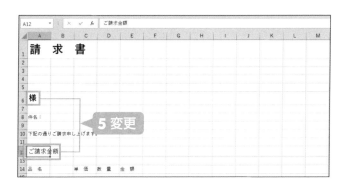

5 同様にして、「様」は18ポイントにして太字に、「ご請求金額」は14ポイントにしました。

● 体裁を整える

列幅(セルの横幅)と行幅(セルの縦幅)を調整し、必要に応じて文字寄せを設定します。

1 まずは列幅を変更します。変更したい列番号の、右側の境界線部分にマウスポインターを合わせ、ポインターの形状が変わったらドラッグします。E列の「金額」欄の幅を変更したいので、EとFの境界線を右側にドラッグして広げます。

2 「品名」欄のA、B列、「単価」欄と「数量」欄のC、D列は、それぞれ列幅を同じにして広げます。列幅を同じだけ変更したい場合は、同じにしたい列番号部分をドラッグして選択状態にし、その状態で列の境界線をドラッグして広げます。ここでは、A、B列を範囲指定し、BとCの境界線をドラッグしています。

3 「請求金額」欄は、行の幅も少し大きくしましょう。行幅を変更するには、変更したい行番号の下側の境界線部分にマウスポインターを合わせ、ポインターの形状が変わったらドラッグします。ここでは12行と13行の間の境界線を下方向にドラッグして広げます。

4 タイトルの「請求書」はA ～ Eまでの5列分、「宛先」欄と、「品名」欄は、AとBの2列分のセルを結合して1つのセルとして使用します。A1 ～ E1のセルをドラッグして選択したら、[ホーム] タブの [セルを結合して中央揃え] をクリックします。

5 セルが結合され、文字がセンタリング（中央揃え）になりました。同様にして「宛先」欄のA6とB6のセルを結合します。「様」は右に寄せたいので、[ホーム]タブの[右揃え]をクリックします。

6 「様」がセルの右側に揃えられました。同様にして、「品名」欄のA14とB14もセルを結合します。ここは文字は中央揃えのままでかまいません。

7 「ご請求金額」「単価」「数量」「金額」の文字も中央に揃えましょう。それぞれセルを選択したら、[ホーム]タブの[中央揃え]をクリックします。「単価」～「金額」のように、並んでいるセルは、ドラッグしてセルを複数選択した状態で実行すると一気に設定することができます。

● 罫線を引く

「宛先」欄と「請求金額」欄には罫線を引いて見やすくします。

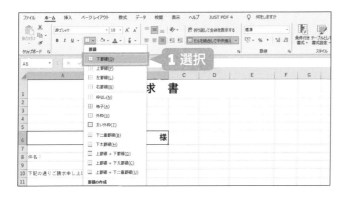

1 「宛先」欄をクリックして選択し、[ホーム]タブの罫線の矢印をクリックし、罫線の種類を選択します。ここでは[下罫線]を選択します。

2 下罫線が引かれました。 同様にして、「請求金額」欄には、[上罫線＋下罫線]の罫線を引きます。

---

2 表を作成する

請求書の表部分を作成します。

◉ 格子状の罫線を引く

表の部分に格子状の罫線を引きます。

1 表となる部分のセルをドラッグして選択し、[ホーム] タブの[罫線] の矢印をクリックして[格子]を選択します。

2 一気に表が完成しました。

● 体裁を整える

表部分のA列とB列を結合して1つのセルにします。

1 「品名」欄と同様にして、それぞれの行のAとBの列を[ホーム]タブの[セルを結合して中央揃え]で結合します。

2 品名を記入する欄は左寄せにしたいので、セルを選択し、[ホーム]タブの[左揃え]をクリックします。

● 合計欄を作成する

「小計」「消費税」「合計」欄を作成します。

1 「小計」「消費税(10％)」「合計」の文字を入力し、セルを選択したら、[ホーム]タブの[罫線]の[格子]をクリックして罫線を引きます。

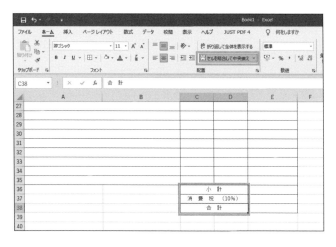

2 文字を入力したCとDの欄を結合します。それぞれ選択しては[ホーム]タブの[セルを結合して中央揃え]を実行します。

◉ 計算式を入力する

セルに計算式を設定します。

1 E15セルに「=C15*D15」と計算式を入力します。これでC15セルの数字(単価)とD15のセルの数字(数量)をかけた数値(金額)がE15セルに入力されるようになります。計算式は通常の四則演算と変わりません(かけるは＊、割るは／となります)。

> **MEMO**
>
> **設定したら試しに単価と数量を入力してみて、実際に罫線されるか確認してみましょう。**

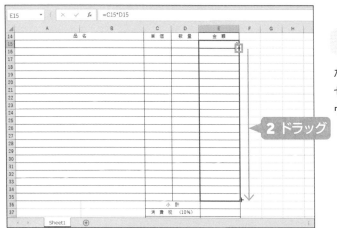

2 E15セルの計算式を他の「金額」欄にコピーします。E15セルを選択したら、右下の■を罫線式をコピーしたいセルが含まれるようにドラッグします。マウスのボタンを離すとコピーされます。

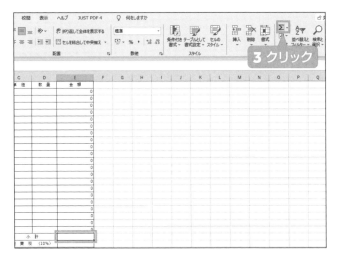

3 「小計」欄には、「金額」欄の数値を合計した数値を入れます。「=E15＋E16＋E17……」と足し算してもいいのですが、選択したセルの合計を計算してくれる便利な関数があるのでそれを使います。「小計」欄にカーソルを合わせたら、[ホーム]タブの[合計]をクリックします。

> **MEMO**
>
> **合計を計算する関数（Σ）をSUM関数といいます。**

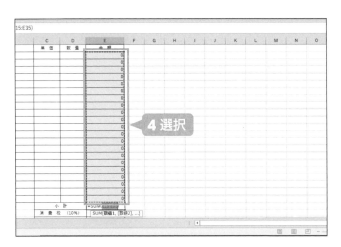

4 合計を計算する範囲をドラッグして選択します。[Enter]キーを押すと決定されます。

> **MEMO**
>
> **セルには「=SUM（E15:E35）」のように入力されます。これはE15からE35までのセルの合計を求める、という意味です。**

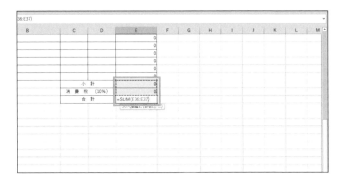

5 「消費税」欄には「=E36*0.1」と入力し、E36セルに0.1（=10％）をかけて消費税額を計算します。 合計欄は、SUM関数を利用し、E36（小計）とE37（消費税）を合計した数値が入力されるようにします。

● 合計金額を参照する

「合計」で計算された金額を、請求金額欄にも表示するようにします。

1 請求金額を入れるB12セルにカーソル
を合わせて、「=E38」と入力します。
これで、E38セル（合計）と同じ数値が表
示されるようになります。

2 金額に「￥」が付くようにします。
B12セルが選択された状態で、[ホ
ーム] タブの [数値の書式] の▼をクリック
し、[通貨] を選択します。

3 金額に「￥」が付きました。

102

③ その他の情報を入力する

発行日、会社の住所、振込先など、その他の情報を入力します。

◎ 必要情報を入力し、文字揃えを設定する

それぞれ文字を入力し、必要に応じて文字揃えを設定します。

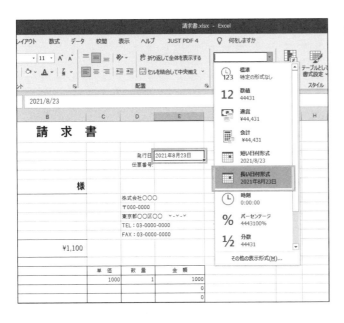

1 表の右上に、発行日と伝票番号、会社の住所、連絡先を入力しました。発行日と伝票番号のセルは、文字を右寄せに設定しています。日付を入力するE3セルは、[ホーム]タブの[数式の書式]で、[長い日付形式]を選択しています。

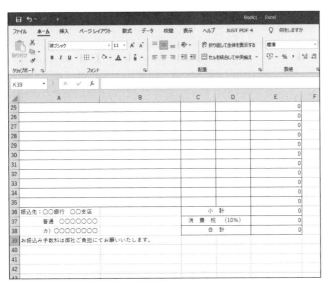

2 表の左下には、振込先の情報を入力しました。請求書はこれで完成です。

4 ファイルの保存

請求書が完成したら、ファイルを保存します。保存する前に、ページの設定も確認しておきましょう。

◉ ページの設定を確認する

印刷画面を表示し、ページの設定を確認します。表が1ページに収まっていない場合などは調整が必要です。

1 [ファイル]タブをクリックします。

2 [印刷]をクリックします。印刷プレビューを見ると、表が1ページに収まっていないことが分かります。このまま印刷すると表が分かれてしまいます。PDF形式で保存(91ページ参照)した場合も同様です。

3 用紙サイズや用紙方向を確認し、問題なければ[拡大縮小なし]をクリックします。

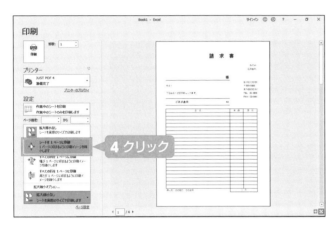

4 [シートを1ページに印刷]をクリックします。

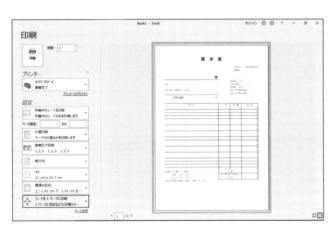

5 表が縮小され、1ページに収まるようになりました。[名前を付けて保存]をクリックして、保存しておきましょう。

MEMO

[印刷]をクリックすれば、印刷することができます。

付録 2 | Googleスプレッドシートの利用

　請求書などのファイルは、クラウドストレージであるGoogleドライブにアップしておくことで、会社でもテレワーク中でも利用することができるようになります。テレワーク用のパソコンにはExcelがインストールされていない場合は、Googleのスプレッドシートを利用しましょう。

1 Googleドライブにファイルをアップロードする

◉ Googleドライブにサインインする

まずはGoogleドライブにサインインします。

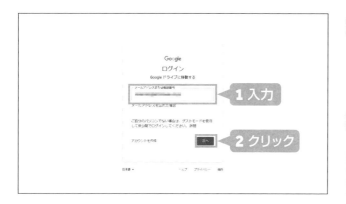

1 Googleドライブのページ（https://www.google.com/drive/）にアクセスし、Googleアカウントのメールアドレスを入力します。

2 ［次へ］をクリックします。

> **MEMO**
> Googleアカウントを持っていない場合は、［アカウントを作成］→ ［自分用］をクリックして新しくアカウントを作成してください。

3 パスワードを入力します。

4 ［次へ］をクリックします。

◉ ファイルをアップロードする

Googleドライブにサインインしたら、ファイルをアップロードします。

1 マイドライブ 画面が表示されたら、[新規]をクリックします。

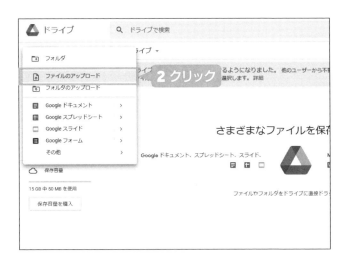

2 [ファイルのアップロード]をクリックします。

MEMO

[フォルダ]をクリックすると、マイドライブ内にフォルダを作成することができます。

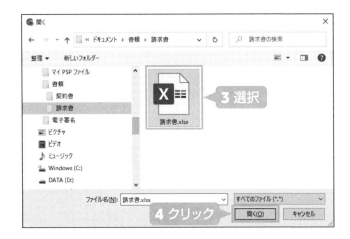

3 アップロードしたいファイルを選択します。

4 [開く]をクリックします。

5 ファイルがアップロードされました。

② スプレッドシートで編集する

Googleドライブでは、Excelに該当する表作成ツールの「スプレッドシート」を利用できます。

◉ スプレッドシートでファイルを開く

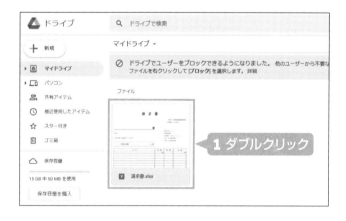

1 アップロードしたExcelファイルをダブルクリックします。

2 スプレッドシートが開き、ファイルが読み込まれました。Excelとあまり変わらない操作方法で使用することができます。なお、変更内容は自動保存されます。

付録 3 | 電子印鑑作成サービス、ソフト紹介

4章で電子印鑑を作成できる「くいっくはんこ」を紹介しました。このほかにも、電子印鑑を作成してくれるサービスやソフトがあるので、いくつか紹介します。

電子印影

URL：https://denshi-inei.join-app.online/stamp/home
Web上で作成できます。丸印か角印かといった種類を選択でき、文字のフォントも指定して電子印影を作成できます。PNG形式です。

印鑑透過

URL：https://tojikomorin.sakura.ne.jp/inkan/
Web上で作成できます。4文字以下、5文字以上の2種類の印鑑を作成できます。印影をスキャンした画像から作成することもできます。PNG形式です。

電子印鑑素材

URL：https://e-inkan.com/
登録されている電子印鑑のデータを検索してダウンロードすることができます。PNG/PDF/SVG形式が用意されています。

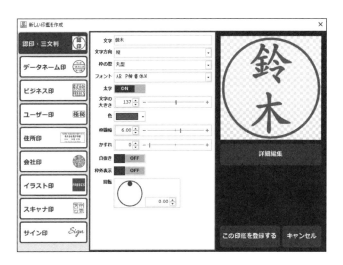

おまかせ電子印鑑Free

URL：https://freecs.ne.jp/product/e-stamp-free/

フリーソフトです。さまざまな形状の電子印鑑を作成することができます。BMP/GIF/JPG/TIFF/PNG/EMF/WMF形式で保存できます。

有料版のおまかせ電子印鑑for Businessを利用すれば、電子署名付きの電子印鑑を作成することもできます。

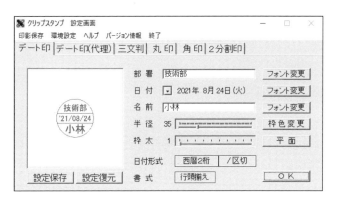

クリックスタンプ

URL：https://www.vector.co.jp/soft/winnt/business/se255894.html

フリーソフトです。日付印や丸印、角印などを作成することができます。作成した印影はクリップボードに保存されるので、そのまま貼り付けることができます。

クリックスタンパー

URL：https://hp.vector.co.jp/authors/VA041064/soft/click_stamper.html

フリーソフトです。日付印、丸印、角印、複数行からなる印鑑も作成できます。PNG/JPEG/BMP/GIF形式で保存できます。

索引

[著者紹介]

弁護士法人戸田総合法律事務所

戸田オフィス
〒335-0023　埼玉県戸田市本町 2-10-1　山昌ビル 3 階
東京オフィス
〒100-0005　東京都千代田区丸の内 3-4-1　新国際ビル 6 階

● 事務所紹介
2011 年設立、インターネットや IT 関連の紛争、企業法務を中心に取り扱う。
● 執筆担当
松本　紘明
鶴谷　秀哲
柴田　佳佑
岩本　瑞穂
矢野　芙美
中澤　佑一

新しい働き方の教科書 ②
法律のプロが教える脱ハンコの進め方

2021年10月10日　初版第1刷発行

著者	弁護士法人戸田総合法律事務所
発行人	池田利夫
発行所	株式会社ジャムハウス
	〒170-0004　東京都豊島区北大塚 2-3-12
	ライオンズマンション大塚角萬 302 号室
カバー・本文デザイン	船田久美子
印刷・製本	株式会社厚徳社

定価はカバーに明記してあります。
ISBN　978-4-906768-97-4
© 2021
Toda Sogo Law Office LPC
JamHouse
Printed in Japan